D1728712

Nicole Rupp

Wer spart, verliert

Nicole Rupp

Wer spart, verliert

Glück und Geld ins Leben holen

KREUZ

© KREUZ VERLAG
in der Verlag Herder GmbH, Freiburg im Breisgau 2010
Alle Rechte vorbehalten
www.kreuz-verlag.de

Satz: de·te·pe, Aalen
Herstellung: fgb · freiburger graphische betriebe
www.fgb.de

Gedruckt auf umweltfreundlichem, chlorfrei gebleichtem Papier
Printed in Germany

ISBN 978-3-7831-3429-2

Inhalt

Vorwort   7

Sie und das Buch – eine Symbiose   11

Meine Beziehung zu Geld   17

Eine Frage des Glaubens   21

Der Wert des Geldes   26

Der Traum vom billigen Leben   32

Billig ist teuer   37

Der Einzelhandel vereinzelt   42

Nostalgische Gedanken an sichere Arbeitsplätze   50

Sparsam macht arm   57

Der Wert des Preises   64

Der Preis des Wertes   69

Ihr Preis ist heiß   75

Werte in Beziehung   85

Haben wollen   90

Scheinwerte   95

Schein oder Sein   99

Schmerzvermeidung oder Lebensgenuss 104

Gewinnreiche Verluste 109

Der Verlust unserer Beziehung zu Geld 116

Geld ist Beziehung 121

Geld als Spiegel unserer selbst 128

Der Preis verdrängter Gefühle 136

Finanzielle Heilung 141

Geldbewusstes Sein 147

Geben und Nehmen 152

Ethik als Erfolgsbasis 156

Zur Mitte 162

Hoffnungsträger nächste Generation 168

Preiskriege oder finanzieller Frieden 176

Krisen und Wachstumschancen 181

Wer spart, verliert? 187

Epilog für das Sparschwein 195

Danke 198

Vorwort

Geld und materieller Besitz bestimmen unser Leben. In unserem Streben nach Geld, dem Wunsch nach immer mehr Besitz oder aus Angst vor mangelnder finanzieller Absicherung handeln wir unseren Werten und unserer Ethik zuwider, statt einfach unserer Menschlichkeit zu folgen.

Im Zuge unseres kultivierten Billigwahns sind wir geneigt zu glauben, dass Geld zum großen Teil aus Einsparungen erwächst. In der Hoffnung auf mehr Geld sparen wir jedoch an dem, womit wir durch Geld immer verbunden sind: MENSCHEN. Wir sind unachtsam für all das, was wir durch Einsparungen und Einschränkungen verursachen. Großzügig beschneiden wir unser eigenes Potenzial. Wir leben einen Minderwert, der sich als Wertverlust unweigerlich im »Außen« zeigt. Er wird deutlich in dem Verfall von Preisen und Werten, in dem Verlust von Arbeitsplätzen und dem geringeren Wert für erbrachte Arbeitsleistung, in dem empfundenen und gelebten Selbstwertgefühl eines Menschen und einer ganzen Gesellschaft.

Geld ist das, wozu wir es gemacht haben. Wir bestimmen, welchen Platz es in unserem Leben einnimmt, wie wir es verwenden und welche Lebensqualität dies mit sich bringt.

Dabei hat die Menge des Geldes in unserem Leben und die Erfüllung, die es mit sich bringt, weniger mit Geld als solchem zu tun als mit uns selbst. Unsere empfundene Beziehung zu Geld spiegelt die Beziehung, die wir zu all unseren Werten, zu unseren Mitmenschen, unserer Umwelt und zu uns selbst haben.

> Indem wir sparen, verlieren wir –
> in jeder Beziehung.

Jede Handlung, die gegen unsere eigene Überzeugung, unser Gefühl, unsere Ethik verstößt, ist destruktiv. Dies zeigt sich in unserem Geldfluss, in unserem Umgang mit Geld und dem, was wir haben, nicht haben und verlieren.

Wir selbst tragen die Verantwortung für alle Entwicklungen, die in unserem Leben und aus unserem Umgang mit Geld entstehen – die Verantwortung dafür, wie viel Glück und Geld wir in unser Leben holen.

Die Verluste, die in dem fatalen Glauben an »Gewinne und Wachstum durch Einsparungen« entstehen, bewirken wir selbst:

- Wenn wir an Geld sparen, das wir anderen Menschen für Leistungen oder Produkte zu geben bereit sind, dann sparen wir an unserer Wertschätzung. Wir selbst empfinden und haben weniger Wertschätzung für diesen Wert und die dazugehörige menschliche Leistung. Und wir geben real weniger Wertschätzung weiter, so dass jemand anders weniger Wertschätzung bzw. eine entsprechende Geringerschätzung erfährt. Emotional wie finanziell.
- Wenn wir mehr Geld sparen als ausgeben, dann verliert die Wirtschaft an Dynamik und Arbeitsplätze gehen verloren.
- Wenn wir an dem »Faktor Mensch« sparen, weil dieser scheinbar »zu teuer« ist, dann verlieren wir weitere Arbeitsplätze und vermehren die Angst in der breiten Bevölkerung vor genau diesen Verlusten.

- Wenn wir sparen, indem wir nur noch billige Produkte nachfragen, verlieren wir die Qualität bisher zuverlässiger, langlebiger Qualitätsprodukte.

> Möchten Sie MEHR Glück und Geld in Ihr Leben holen?

- Wir verlieren in dem Maße gesunde Unternehmen, die für Qualitätsprodukte qualitativ höherwertige und besser bezahlte Arbeitsplätze bieten. Die ökologische wie soziale Faktoren bei ihrer Produktion einbeziehen.
- Indem wir wahllos konsumieren, nur weil es gerade billig und scheinbar sparsam ist, vermüllen und zerstören wir unachtsam und ohne Wertschätzung den Wert, der unser aller Lebensgrundlage ist: unsere intakte Natur und Umwelt.
- Wenn wir Geld auf dem Sparbuch liegen lassen, dann verlieren wir den Teil, den unser Geld durch Inflation an Wert verliert. Ohne dass dieses Geld mehrwertorientiert durch sinnvolle Investitionen wächst.
- Solange wir in unserem Kopf mit »Sparen« beschäftigt sind, ist diese Zeit und Chance verloren, um produktive Gedanken weiterzuentwickeln, die uns MEHR ermöglichen und uns zielgerichtet diesem MEHR näherbringen.

Indem wir uns auf »Sparen« konzentrieren, verlieren wir – in jeder Beziehung. Vor allem verlieren wir das gesunde nachhaltige Wachstum aus den Augen, das schon längst möglich wäre – mit einem klaren Fokus und der Wertschätzung für das, was wir wirklich in unserem Leben haben und mehren wollen.

Nachhaltiges finanzielles Wachstum und steigende Lebensqualität, erwachsen aus Handlungen, die mit uns selbst im Einklang sind, und aus dem stimmigen gesunden Austausch in Beziehungen. Dann erreichen wir wachsenden finanziellen Mehrwert und gleichermaßen fühlbar mehr Wertschätzung und bereichernde Begegnungen, Sinn, Genuss …

– mehr Glück und mehr Geld.

Möge das Buch Sie berühren und bereichern – und motivieren, mehr Glück und Geld in Ihr Leben zu holen.

Sie und das Buch – eine Symbiose

Vielen Dank, dass Sie dieses Buch gekauft haben. Sie haben damit bereits drei wichtige Schritte getan, mehr Geld und Glück in Ihr Leben zu holen.

Sie haben sich für mehr Glück und mehr Geld entschieden. Erst mit und durch diese klare Entscheidung bewegen Sie sich mit Ihren Gedanken und Handlungen dem gewünschten Ziel entgegen. Sie haben zweitens Ihr Geld dafür eingesetzt und somit Ihre Wertschätzung bewiesen. Und zum Dritten haben Sie, wahrscheinlich ohne sich dessen bewusst zu sein, Ihrem Vertrauen auf den Zahn gefühlt. Mit Ihrem Kauf haben Sie bekräftigt, dass Sie das Vertrauen haben, dass Ihnen das Buch mehr eröffnen und zurückgeben wird, als es Sie kostet. Ansonsten hätten Sie es sicher nicht erworben, oder?

Sie selbst merzen Ihr Mangeldenken aus, indem Sie eine Investition nicht mehr tätigen, weil sie »nicht viel zu verlieren zu haben«, sondern weil Sie bewusst in einen Mehrwert investieren und sich darauf fokussieren.

Damit genießen Sie schon die wichtigsten Qualitäten, die Sie brauchen, um mehr Glück und Geld in Ihr Leben zu holen: Klarheit, Wertschätzung und Vertrauen.

Im Leben scheitert nichts an Geld, sondern nur an einem Mangel an Vertrauen, Wertschätzung oder auch Liebe. Wenn Sie keine Klarheit darüber haben, was Sie lieben, dann machen Sie es sich selbst schwer, die Liebe in Ihrem Leben zu vermehren. Liebe ist einer der wichtigsten Faktoren für fühlbar mehr Glück und genauso für das Vermehren von Geld. Wenn Sie das, was Sie wollen, nicht genug lieben, dann engagieren Sie sich zu wenig, geben schnell auf und verlieren Ihr Ziel schnell wieder aus den Augen. Je größer Ihre Liebe ist für das, was Sie wollen, umso mehr werden Sie sich gerne dafür einsetzen und so Ihrem Ziel Stück für Stück näherkommen. Sie werden mehr Geduld, Ausdauer und auch Demut an den Tag legen.

> Im Leben scheitert nichts an Geld,
> sondern nur an einem Mangel an Vertrauen,
> Wertschätzung oder Liebe.

In Vermögen steckt das Wort »mögen«. Nicht umsonst, denn letztendlich verdanken Sie Ihr Vermögen auch dem, was Sie mögen. Die Werte, die in Ihrem Leben existieren, haben Sie, weil Sie sie mögen. Und auch nur dann werden Sie damit glücklich sein. Falls Sie Vermögenswerte aus rein rationalen Gründen haben, Werte, die Sie gar nicht mögen, dann werden Sie an diesen Werten entsprechend weniger Freude haben.

Das größte Vermögen, dass Sie haben, sind Sie selbst. In Ihnen liegt all das an geistigem wie auch körperlichem Vermögen, woraus Sie auch real Vermögen erschaffen können. Mögen Sie sich?

In erster Linie geht es nicht um »tun«, sondern um »wachsen«. Mit gewachsener Wertschätzung für uns selbst, für das, was in uns liegt, für all unsere Talente und Fähigkeiten, können wir uns wertvoller »verkaufen« bzw. andere Menschen von uns überzeugen und begeistern. Damit vermehren Sie Glück und Geld mit zunehmender Leichtigkeit in Ihrem Leben.

Oft glauben wir dagegen noch, uns für mehr Geld noch mehr anstrengen zu müssen. So rackern wir uns ab oder legen gar noch einen Zahn zu im Hamsterrad – auf dem Holzweg zu mehr finanziellem Erfolg. Wir gefährden unsere Gesundheit oder brennen geistig und körperlich langsam aus. Auch machen wir dabei unser Glück immer stärker abhängig von unseren finanziellen Mitteln. Auf dem Weg zur scheinbaren finanziellen Freiheit, geraten viele Menschen zunehmend in Abhängigkeiten und Verpflichtungen – in Unfreiheiten.

Wenn das Ziel »mehr Freiheit« ist, dann ist es wichtig, erlebbare Freiheit auch auf dem Weg zu integrieren – anstatt uns davon abhängig zu machen, dass diese irgendwann durch äußere Umstände eintritt.

> Vermögen Sie schon, sich selbst zu mögen?

Glück beginnt in uns. Glauben Sie schon daran, dass Ihnen mehr Geld und Glück zusteht? Dass Sie sich das schon längst verdient haben? Dass Sie sich nicht zwischen Geld oder Liebe oder Glück im Spiel, Pech in der Liebe entscheiden müssen? Wenn ja: herzlichen Glückwunsch!

Wenn Sie immer noch bzw. immer wieder zwischen Geld oder Glück pendeln, dann wird es Zeit, dass Sie alte Begrenzungen aufgeben und wachsen.

Je nachdem, wo Sie persönlich stehen, wachsen Sie
- entweder stärker in Ihrem Glückserleben, weil Sie schon mehr als genug Geld haben und dennoch nicht 100 Prozent erfüllt sind,

oder
- zunächst finanziell, weil Sie glücklich und erfüllt sind, jedoch in finanzieller Hinsicht noch erfolgreich Ihr Armutsbewusstsein kultivieren,

oder

- einfach harmonisch und im Einklang in beiden Bereichen, so dass Sie Stück für Stück mehr Glück und mehr Geld in Ihr Leben holen.

Wollen Sie *wirklich* mehr Glück und Geld in Ihrem Leben?

Glück ist nicht abhängig von Geld. Es gibt viele Menschen, die sehr viel Geld besitzen und dennoch nicht glücklich sind. »Deine Probleme hätte ich gerne«, sagen wir dann gerne leichtfertig, wenn uns so etwas zu Ohren kommt – ohne wirklich zuzuhören. Weil wir dann glauben, dass man mit Geld weniger Probleme haben müsse und glücklicher sein sollte. Während wir alle schon wissen, dass Geld alleine nicht glücklich macht.

Sie können mit wenig Geld glücklich sein und mit viel Geld unglücklich. Da wir zumeist so erzogen wurden, dass man nicht alles haben kann, haben sich die meisten Menschen schon unbewusst für eines von beidem entschieden. Sie können auch mit wenig Geld unglücklich und gestresst sein, dennoch oder gerade deshalb krank werden und in Summe finanziell wie emotional verarmen. Und zu guter Letzt können Sie – und diese Entscheidung erfordert am meisten Mut, Vertrauen, Wertschätzung und Liebe – finanziell reich und glücklich sein! Geld wird Sie daran niemals hindern. Sie können sich selbst und anderen so viel Gutes tun, wie Sie selbst das wollen.

> Ist Ihr Fokus auf das ausgerichtet, was Sie schätzen und vermehren wollen?

Dies ist die Einladung dieses Buches an Sie: dass Sie diese Chance, diese Macht und diesen positiven Einfluss mit Geld in Ihrem Leben nutzen. Und dadurch bei all Ihrem Wirken tiefes Glück erleben.

Geld zu vermehren ist auch mit bester Absicht immer eine Herausforderung – und deshalb bereits Zeichen von persönlichem Wachstum, wenn uns dies gelingt. Vor allem in unserer Gesellschaft, die nicht frei von Neid und Missgunst ist.

Dieses Buch ist eine Reise durch unsere Gesellschaft, durch unsere Welt von Schein und Sein, hin zu uns selbst. Sie werden keine Ratschläge oder Lösungsschritte finden. Ich vertraue darauf, dass Sie, wie alle Menschen, die für Sie relevanten Antworten und Lösungen in sich tragen. Sie sind völlig frei, das Buch zu gebrauchen, wie Sie es möchten, so dass es für Sie seinen höchsten Wert entfaltet. Sie können es in jeder beliebigen Reihenfolge lesen – oder auch einfach intuitiv aufschlagen und lesen, was dieses Kapitel für Sie bereithält.

> Sie sind das größte Vermögen, das Sie besitzen.

Halten Sie sich also nicht mit dem auf, was Sie schon wissen, was Sie vielleicht auch stört oder Sie nicht weiterbringt.

Schenken Sie einfach großzügig Ihre Aufmerksamkeit all jenen Stellen in dem Buch, die Sie in Ihrer Entwicklung und Klarheit weiterbringen, jedem noch so kleinen Impuls, jeder Aussage, die Ihre Gedanken und Ideen anregen. So trainieren Sie sich zielgerichtet darin, Ihren Fokus wegzulenken vom Mangel und dem, was scheinbar fehlt, hin zu dem, was Sie persönlich bereichert und was Ihr Leben wertvoll macht. Wenn Sie an vielen Stellen ganz anders denken und Sie dadurch Klarheit darüber erlangen, WIE Sie denken und wovon SIE überzeugt sind, dann hat auch dies damit seinen Zweck erfüllt. Wenn Sie aus nur einer Idee, die Ihnen beim Lesen kommt, ein gutes Geschäft machen, dann zahlt sich das Buch alleine damit vielfach für Sie aus.

Indem Sie mit Achtsamkeit bei dem für Sie Wertvollen bleiben, machen Sie dadurch das Beste daraus – und diese

»Sache« zu etwas ganz Besonderem und Wertvollen. Sie geben also den Wert. Sie sind somit verantwortlich für den Wert, den Sie daraus beziehen. Dies gilt für das Buch. Dies gilt genauso für alles andere in Ihrem Leben.

Seien Sie achtsam. Seien Sie wertschätzend. Lassen Sie es zu, rundum reich sein zu wollen, und holen Sie sich mehr Glück und Geld in Ihr Leben. Es ist zu Ihrem Besten. Und zum Besten für alle anderen Menschen, die dadurch unausweichlich von Ihnen profitieren. Wie auch für all diejenigen, die sich durch Sie inspirieren lassen und selbst mehr Glück und Geld in ihr eigenes Leben ziehen.

Vielen Dank.

Viel Erfüllung und Erfolg auf Ihrem Weg!

Wegweiser

Wollen Sie an Wertschätzung und Vertrauen gewinnen?

Aus welchen Beweggründen und woran genau sparen Sie?

Worauf sind Sie innerlich ausgerichtet:
auf das, was Sie einsparen wollen, oder zielgerichtet auf alles, was Sie schätzen und in Ihrem Leben vermehren möchten?

Was wollen Sie konkret vermehren in Ihrem Leben?

Wie glücklich und reich sind Sie?

Was ist Ihr Vermögen? Worin sind Sie vermögend?

Vermögen Sie es, sich selbst zu mögen?

Meine Beziehung zu Geld

Geld hat in meinem Leben schon sehr früh eine Rolle gespielt. Als kleines Kind durfte ich mit dem Geld aus der Geschäftskasse meiner Eltern spielen, während meine Mutter die Buchhaltung für unsere Metzgerei erledigte. Meine Eltern hatten offensichtlich keine Sorge, dass dadurch mein Charakter verderben könnte. Dieser Moment war es ihnen sogar wert, mit einem Foto, auf dem ich mit sichtlichem Spaß mit den Geldscheinen um mich werfe, verewigt zu werden.

> Das Wertvolle im Leben sind die Menschen darin!

Das erste Erlebnis mit Geld, an das ich mich bewusst erinnere, hatte ich mit fünf Jahren. Nachdem ich im Kindergarten gelernt hatte, allein über die Straße zu gehen, wollte ich das meinen Eltern feierlich demonstrieren. Um zu zeigen, wie »groß« ich schon bin, wollte ich eigenständig etwas Nützliches erledigen. Meine Mutter gab mir 5 DM, die ich bei der nahegelegenen Bank in unserem Dorf einzahlen durfte. Dort wurde ich freudig begrüßt, ausgiebig gelobt und mit Komplimenten bedacht. Ich fühlte mich richtig groß!

Da ich nun so gerne zur Bank ging, durfte ich regelmäßig dort Geld einzahlen. Ohne mir dessen bewusst zu sein, trug ich mit Selbstverständlichkeit die Verantwortung für sehr viel Geld, denn meine Eltern vertrauten mir dabei die Tageseinnahmen unserer Metzgerei an.

Geld war für mich mit Freude, Anerkennung und einem Sinn verbunden, und es war für mich Ausdruck meiner Selbstständigkeit und Unabhängigkeit.

Ich wusste nur noch nicht, warum Geld als solches so wichtig war. Meine Eltern arbeiteten dafür jeden Tag in ihrer Metzgerei, oft auch am Abend und an vielen Wochenenden. Ich verstand nicht, warum man so viel Zeit damit verbrachte, mehr Geld zu bekommen, welches Ziel genau damit verbunden war und wann der angestrebte Zustand, »es geschafft zu haben«, erreicht war.

An einem ganz normalen Tag bekam ich eine unerwartete Antwort. Ich war gerade mit meinem Bruder in der Küche, als unsere Mutter aus dem Geschäft hereinkam und sich beiläufig über einen Kunden mit »Der hat's geschafft!« äußerte. Sofort lief ich zur Spiegeltür, durch die ich in den Ladenraum schauen konnte. Jetzt war ich also kurz davor zu erfahren, wie so ein Mensch aussah. Mein Bruder rannte nach dem ersten Blick auf diesen Menschen hinaus auf den Gehweg, um die Limousine des Einkäufers zu bewundern. Ich schlich in den Laden, um einen besseren Eindruck zu bekommen. Was auch immer ich erwartet hatte, war offensichtlich das Gegenteil von dem, was ich zu sehen bekam: Ich sah nur einen sehr gepflegten Menschen, der steif wirkte, leere Augen und ein ausdrucksloses Gesicht hatte. Von Lebendigkeit, Freude und einem ansteckenden Lachen keine Spur.

In dem Moment geriet meine innere Welt aus den Fugen. Das konnte es unmöglich sein, worum es für mich in meinem Leben gehen sollte – so viel war klar. Ich fühlte nur Leere. Meine Freude an Geld war damit erst einmal verloren, und ich wusste weniger denn je, was der Sinn des Geldes sein sollte. Auch verlor ich meine Orientierung, denn an dem, was für andere so offensichtlich erstrebenswert war, konnte ich mich nun nicht mehr orientieren. Nur, woran dann?

In dem Bestreben, mein Leben auf Geld und Besitz auszurichten, hat mich immer ein Gefühl von Sinnlosigkeit beschlichen. Ich habe deshalb nie aufgehört, daran zu glauben, dass mehr möglich sein musste oder es vielleicht um etwas ganz anderes für mich ging, so dass Geld mein Leben neben materiellem Besitz vor allem durch erlebbares inneres Glück bereicherte.

Mit 19 Jahren habe ich meinen frisch erlangten sicheren Traumberuf in der Arbeitsvermittlung gekündigt und die erste größere wirklich sinnvolle Investition getätigt. Ich investierte in mich!

> Es liegt in jedem von uns, inwieweit wir Wertschätzung und Liebe im Überfluss leben.

Während der drei Jahre, die ich in den USA, Asien und Costa Rica gelebt habe, habe ich verschiedene Kulturen kennen gelernt und Menschen, die all den von mir ersehnten Reichtum ausstrahlten. Ich habe in meinem eigenen goldenen Käfig mit ausreichend Geld, schöner Wohnung, Tennisanlage, Swimmingpool, Auto, Chauffeur, tollem Job auch erlebt, dass Geld nicht glücklich macht, wenn man nicht glücklich ist.

Ich habe mein eigenes Bild gewonnen, was für mich erstrebenswerter Reichtum ist: eine Verbindung von innerem und äußerem Glück.

Reichtum, der mich nicht berührt, ist für mich Verschwendung. Erst Reichtum, der mein Herz bewegt, lässt mich auch reich sein.

Wegweiser

Wie ist Ihre Beziehung zu Geld?

Welchen Stellenwert hat Geld in Ihrem Leben?

Welche Erfahrungen und Erkenntnisse haben Sie zu Geld und Reichtum gesammelt?

Was ist Ihr Reichtum?

Was ist das Wertvolle in Ihrem Leben?

Welchen Reichtum, welches Reichsein wollen Sie erlangen?

Eine Frage des Glaubens

Wir alle verbinden bestimmte Überzeugungen mit Geld, die früh in uns angelegt wurden. Beispielsweise durch das, was wir in unserer Kindheit durch unsere Eltern und unsere Familie erfahren, bewusst vermittelt bekommen und unbewusst wahrgenommen haben. Auch das Bild von Geld in unserer Gesellschaft prägt unser Denken und Handeln im Umgang mit Geld. In jedem Film werden uns Menschen in den verschiedensten finanziellen Situationen gezeigt, die das Bild eines attraktiven Reichtums, unseren Wunsch nach mehr Geld oder auch unsere Verachtung darüber beeinflussen.

Wie wir über Geld denken, spielt eine tragende Rolle für den eigenen Umgang mit Geld und auch für die Menge an Geld, die wir uns in unserem Leben zugestehen. Solange wir mit Geld nur negative Bilder, Gedanken und Gefühle verbinden, sind wir nicht offen für mehr Glück und Geld in unserem Leben. Unsere negativen Glaubenssätze bewirken entsprechende Gefühle und erzeugen emotionalen wie realen Mangel.

Geld ist in unserer Gesellschaft nicht nur positiv anerkannt, sondern auch mit zwiespältiger oder ablehnender Haltung verbunden. Oft sind es unsere inneren negativen Bilder gegenüber Reichtum und reichen Menschen, die uns davon abhalten, selbst mehr Geld haben zu wollen. Damit bestrafen wir uns selbst, denn wir vermeiden dadurch den eigenen Reichtum. Auch dann, wenn wir mit mehr Geld genauso glücklich sein können, wie wir es schon vermögen, einfach glücklich zu sein. Auch wenn wir nach unserem eigenen Verständnis sinnvoller mit Geld umgehen als die Menschen, denen wir einen schlechteren Umgang damit unterstellen. Solange wir unsere Vorurteile und Abwertungen aufrechterhalten, zahlen wir einen hohen Preis.

Ein Grund, warum ein Mensch nur über wenig finanzielle Mittel verfügt, ist seine unbewusste Angst, mit viel Geld genauso zu werden wie die Menschen, die er wegen des Geldes verurteilt. Die Angst davor, durch Geld ein schlechter Mensch zu werden, mag berechtigt scheinen. Doch Geld hat auf das Wesen eines Menschen keinen Einfluss. Das Gegenteil ist der Fall: Am Umgang mit Geld zeigt sich der wahre Charakter eines Menschen.

Sie sind die Person, die Sie sind, und haben den Charakter, den Sie besitzen.

Haben Sie schon das Vertrauen in sich selbst, dass Sie bereits der Mensch sind, der Sie sind und sein wollen? Dass Vertrauen, dass mehr Geld es nicht vermag, Sie in Ihrem Wesen zu beeinflussen?

> Ihr Denken beeinflusst Ihr Erleben und Ihr Handeln und damit Ihre Realität.

Geld gibt Ihnen mehr Einfluss. Wie Sie diesen Einfluss geltend machen, liegt ganz alleine an Ihnen. Sie können mit größerem finanziellen Spielraum noch mehr Gutes tun und noch mehr von sich geben. Sie können also Reichtum anstreben, im Überfluss leben und noch dazu alle Projekte unterstützen, die Ihnen am Herzen liegen. Sie können der gleiche ethische und moralische Mensch sein wie eh und je.

Der gleiche Mensch, der Sie auch ohne bzw. mit wenig Geld wären.

Wozu sollten Sie sich jetzt noch für weniger Geld entscheiden?

Falls Sie Geld bewusst oder unbewusst verachten und keine schönen Bilder mit größerem Reichtum verbinden, dann wird es Zeit, Ihre Einstellung zu Geld zu verändern. Denn alles, wovon Sie überzeugt sind, prägen Sie durch Ihren Glauben daran entscheidend mit. Unbewusst handeln und empfinden Sie so, dass sich für Sie das bestätigt, woran Sie bereits glauben. Deshalb ist es so wichtig, mit den Glaubenssätzen aufzuräumen, die Sie von Ihrem gewünschten Reichtum abhalten.

Wir glauben so vieles, was unserem eigenen genussvollen Leben entgegensteht.

Wir glauben, dass

- es nur Gewinner und Verlierer gibt.
- wir uns zwischen Geld oder Liebe entscheiden müssen.
- »man« einfach nicht alles haben kann.
- wir Geld durch harte Arbeit verdienen und man für sein Geld viel tun »muss«.
- wir liebenswerter und wertvoller sind, wenn wir schön und jung aussehen.
- wir weniger Liebe erleben, wenn wir alt sind.
- wir geachtet werden, wenn wir – wie im Märchen – zu den guten Armen gehören und unser »Letztes« geben.
- man es nur zu Geld bringen kann mit düsteren Machenschaften.
- Geld schmutzig sei und unseren Charakter verdirbt.
- wir mehr Sicherheit erlangen, indem wir uns mit mehr materiellen Dingen umgeben.
- Geld uns Erfüllung und Glück bringt, während wir diese Werte bereitwillig auf dem Weg zu mehr Geld opfern.

- mehr Geld immer mehr Freiheit bedeutet, während wir uns für dieses »mehr Geld« freiwillig in Unfreiheiten begeben.
- man in Geldangelegenheiten niemandem trauen kann – und trauen uns selbst in Bezug auf Geld nicht über den Weg.
- Und wir glauben, dass bei Geld die Freundschaft aufhört. Dabei fängt sie da erst an. Am Umgang mit Geld in Beziehungen zeigt sich immer die Qualität dieser Beziehungen. Und wenn in Ihrer Freundschaft kein Geld mehr fließt und sich Ihr Partner nur noch um sein Geld kümmert, dann war nicht das Geld daran schuld. Sie als Person genießen offensichtlich nicht den Wert in dieser Beziehung, den Sie und diese Freundschaft verdienen.

> Denken und erwarten Sie schon, dass Ihr Leben reich und erfüllt sein wird?

Wir sind unserem eigenen Glauben an Geld und unseren negativen Geldglaubenssätzen verfallen. Deshalb glauben wir noch nicht, dass

- wir viel Geld mit Freude verdienen können.
- wir am meisten verdienen, wenn wir das geben, was wir gut und gerne und deshalb mit ehrlicher Begeisterung geben.
- Geld erst dann mit Leichtigkeit in unser Leben kommt, wenn wir es mit Leichtigkeit in unser Leben lassen.
- Geld uns nicht glücklich macht, wenn wir nicht bereits glücklich sind – auch auf dem Weg zu mehr Geld.
- Geld immer mit Beziehungen zu tun hat und wir selbst diese Qualität an menschlichen Beziehungen bestimmen.
- Geld immer Ausdruck unserer Wertschätzung ist.
- es keinen überzeugenden Grund gibt, auf Geld zu verzichten.

- es keinen guten Grund geben kann, sich ohne, mit oder für viel Geld schlecht zu fühlen oder gar zu schämen.
- wir immer der Mensch sind, der wir sind – ganz gleich, wie viel Geld wir besitzen.
- Geld uns folgt, indem wir uns selbst folgen.
- Geld immer nur das ist, was wir daraus machen!

Was glauben Sie?

Wegweiser

Welche Geldglaubenssätze kultivieren Sie noch?

Was kommt Ihnen ganz spontan in den Sinn zu Begriffen wie »Geld«, »Macht«, »Reichtum«?

Welche Bilder und Klischees existieren in Ihnen zu »reichen Menschen« und »armen Menschen«?

Woran haben Sie als Kind gerne geglaubt?

Woran glauben Sie nicht mehr?

Woran wollen Sie (wieder) glauben?

Der Wert des Geldes

In seiner ursprünglichsten Form erfüllt Geld den Wert, den Austausch in Beziehungen zu erleichtern und zu fördern. Anstatt schwere Güter oder verderbliche Ware zu tauschen, hat man sich auf »Geld« als Zahlungseinheit geeinigt. Damit es diese Aufgabe erfüllen kann, muss Geld verschiedene Eigenschaften besitzen. So muss es wertbeständig, knapp, begehrt und als Tauschmittel anerkannt sein. Auch muss es leicht transportiert und aufbewahrt werden können. Doch dadurch, dass sich unser heutiges Geld so gut aufbewahren lässt, horten wir es gerne, und das umso lieber, je größer unsere Angst vor der Zukunft ist. Um mehr Geld zu haben, sparen wir häufig an menschlicher Leistung, da diese »zu teuer« ist und somit Einsparpotenzial bietet. Damit sparen wir das ein, was Geld eigentlich erleichtern sollte: den Austausch in zwischenmenschlichen Beziehungen.

Geld hat damit seinen symbolischen Wert verloren.

> Unser Geld hat seinen Eigenwert verloren.

Doch auch real hat es an Wert verloren. Unser Geld besitzt heute keinen Eigenwert mehr. Bis 1939 war es noch so, dass das umlaufende Geld durch Gold oder Devisen gedeckt war. Für jede Geldeinheit war bei der Notenbank eine bestimmte Menge an Gold deponiert, womit das Geld durch einen realen Gegenwert abgesichert war. Nachdem diese Gelddeckung aufgelöst wurde, tauschen wir nun Geld, das keinen wahren Wert mehr hat. Ein 100-Euro-Schein ist keine 100 Euro wert. Die Grundlage für den Wert von Geld liegt in unserer gemeinsamen Überzeugung, dass es als Tauschmittel gegen Waren und Dienstleistungen von uns anerkannt wird. Unser Geldsystem basiert somit auf unserem Vertrauen, das wir darin haben. Und unser Vertrauen in unser Geld hat spürbar gelitten. Geld als solches bietet keine reale Sicherheit, auf die wir uns verlassen können. So viel ist sicher.

Viele Menschen sind verunsichert im Umgang mit Geld und fürchten sich vor finanziellem Mangel. Die Angst vor diesem Mangel verleitet dazu, über das eigene Maß an angstfreiem Verhalten hinaus zu sparen, zu geizen, zu horten und begierig noch billiger einzukaufen. Geiz ist gesellschaftsfähig geworden und billig einkaufen Kult. Während wir also den Einzelhändler unseres Vertrauens in direkter Umgebung vernachlässigen, erfreuen sich nur noch die wenigen großen Discountketten eines immer größeren finanziellen Überflusses. Wir bringen dadurch prall gefüllte Konten weniger Empfänger zum Überquellen, während der breiten Masse an Menschen dadurch dieses Geld immer mehr vorenthalten wird. Im Zuge des steigenden Preisdruckes fallen viele kleine Unternehmen und sehr viele Arbeitsplätze weg. In Zeiten, in denen Produkte schon billig sind, gibt es vor allem eine zuverlässige Möglichkeit, weitere Kosten zu sparen: der Faktor »Mensch«. Unsere menschliche Arbeitsleistung ist teuer und teurer als in vielen anderen Ländern dieser Welt. Vor allem ist sie zunehmend zu teuer, um unseren eigenen Ansprüchen nach billigen Produkten noch standhalten zu können. Wir selbst tragen dazu bei, uns und wertvolle Arbeitsleistungen wegzurationalisieren.

Wir sparen jeden Cent menschlicher Leistung und damit auch an Wertschätzung für Menschen, die wiederum Nachfrage generieren würden.

Der befürchtete Mangel beschleunigt sich dadurch, dass wir dem regionalen Geldkreislauf unser Geld entziehen und in immer weniger Kanäle fließen lassen. Wir bestätigen uns in unserem eigenen Glauben an den Mangel. Indem wir ihn durch unseren ungebrochenen Glauben daran selbst realisieren.

Wir tragen zu einem größeren sozialen Ungleichgewicht bei und verbilligen unsere Gesellschaft. Wir begrenzen die Dynamik und den regen Austausch zwischen Menschen. Wir selbst sind es, die uns begrenzen und einschränken. All das in der Illusion, dadurch mehr Geld im eigenen Portemonnaie zu haben.

Wenn wir die Augen weit genug öffnen, stellen wir fest, dass dem nicht so ist. Sparen am Menschen verhilft nur kurzfristig und nur scheinbar zu finanziellem Wachstum. Stabiles nachhaltiges Wachstum bleibt auf der Strecke. Auf der Seite derjenigen, bei denen finanzielles Wachstum wuchert, stellt sich die Frage, inwieweit jeder zusätzliche Euro zu noch mehr Erfüllung beitragen kann.

Geld an sich erschafft keinen Reichtum und löst auch nicht den Mangel aus. Es ist nicht verantwortlich für all das, was wir mit ihm machen. Wir haben Geld erfunden und es zu dem gemacht, was es heute ist. Geld ist wie ein Stimmzettel, denn mit jeder Geldausgabe treffen wir eine Wahl. Niemand außer uns selbst trägt zu den Entwicklungen bei, die uns alle betreffen.

> Sie tragen die Verantwortung für ihr Leben – und dazu gehört auch Ihr Geld.

Wir haben uns offenbar damit abgefunden, dass uns die Mitte abhandenkommt zugunsten einer Zweiklassengesellschaft. Als Individuum sind wir verloren, wenn wir unsere Mitte verlieren. Auch eine Gesellschaft gerät ohne ihre Mitte aus der gesunden Balance. In den zwei Extremen zu leben, zwischen extremer Armut und extremem Reichtum, bedeutet einen Verlust für beide Seiten. Denn für die Reichen wird ihr eigener Reichtum immer beängstigender, wenn es immer mehr Menschen gibt, die ihnen diesen Reichtum neiden, wütend sind und von dem Kuchen etwas abhaben wollen. Sicherheitsanlagen bieten einen gewissen Schutz, doch das eigentliche Risiko, das von »der anderen Seite« ausgeht, muss dennoch mit Angst und Unsicherheit ertragen werden. Die Lebensqualität steigt auf beiden Seiten nicht. Und die Probleme in allen Bereichen unseres Lebens werden größer. Der Unmut wird weiter steigen zu Lasten unserer Lebensfreude, Freiheit, Menschlichkeit und Gemeinschaft.

Wir haben ein großes Stück Vertrauen in unser Geld und unseren Umgang damit verloren und damit auch in uns als Gesellschaft, die zu einem stimmigen finanziellen Austausch in Beziehungen fähig ist. Dagegen wächst das Misstrauen bei Geldanlagen wie auch gegenüber Geschäftspartnern, Kunden, Unternehmern und all den Menschen, mit denen wir durch Geld verbunden sind.

Heute brauchen wir sichtbare Beweise. Konkret fassbar und vorzeigefähig müssen sie sein, so dass wir wieder sehen, woran wir glauben können, und uns dadurch sicherer fühlen. So kaufen wir massenweise ökonomisch wie ökologisch unsinnige Produkte, die uns scheinbar diese Sicherheit und Geborgenheit vermitteln. Unser Vertrauen ist umso mehr davon abhängig, was sich uns im Außen zeigt. Unser wirklicher Glaube und unser tiefes Vertrauen in das Leben und in uns selbst geht uns in dem Maße verloren.

Der Wert des Geldes ist nicht der, extremen Überfluss oder Mangel zu schaffen. Der Wert des Geldes liegt darin, das Leben zu bereichern, indem wir durch Geld einen Austausch schaffen, der für alle ein Gewinn ist: Ein Mensch bekommt eine gewünschte Leistung und der Tauschpartner Geld als Gegenwert. Geld als solches trägt dazu bei, das zu vereinfachen, was uns Freude bereitet: nämlich anderen Menschen zu begegnen und mit ihnen im Austausch zu sein – und dabei Werte und Leistungen zu erhalten, die unser Leben spürbar erleichtern, wertvoller und glücklicher machen.

Geld als solches ist ausreichend vorhanden und wird auf ungesunde Weise kontinuierlich vermehrt. Das Erheben von Zinsen führt dazu, dass Geld »entsteht« und in Umlauf gebracht wird, das bis zu diesem Zeitpunkt noch gar nicht existierte und für das es auch keine reale Gegenleistung gibt. 100 Euro wachsen bei einer Verzinsung von 5 Prozent nach einem Jahr auf 105 Euro. Nach gut 14 Jahren haben sich die ursprünglichen 100 Euro durch Zins- und Zinseszins auf 200 Euro verdoppelt. Da dies nur funktioniert, weil jemand anders bereit ist, sich genau um den Betrag dieser Zinsgewinne zu verschulden, zieht jeder Euro Zinsgewinn automatisch einen Euro Schulden für jemand anderen nach sich. Einen realen Mangel an der Menge an Geld gibt es nicht. Das Problem ist vielmehr, dass die Geldmenge unaufhaltsam steigt und mit steigender Geldmenge jede einzelne Geldmünze an Wert verliert. Zum anderen ist das vorhandene Geld jetzt schon so extrem verteilt, dass immer weniger Menschen in den Genuss von viel Geld kommen und immer mehr Menschen Mangel erleiden.

Es mangelt uns nicht an der Geldmenge, sondern an der Geldqualität. Und es mangelt uns nicht erst am Geld, sondern an unserem gesunden und wertbewussten Umgang damit. Und das setzt eine gesunde, wertbewusste Beziehung zu uns selbst voraus.

> Wie viel wollen Sie anderen Menschen wert sein?

Was uns fehlt, ist die Verbindung auf allen Ebenen: global, gesellschaftlich, wirtschaftlich, zwischenmenschlich und die Verbindung zu uns selbst.

Wegweiser

Welchen Wert hat Geld für Sie?

Welche Werte erwachsen aus Ihrem Umgang mit Geld?

Wem und was möchten Sie mehr Wert beimessen?

In welchen Bereichen wollen Sie noch wertbewusster handeln, um mehr Wert zu gewinnen?

An welchen Werten wären Sie gerne mit Ihrem Geld beteiligt?

Welchen konkreten Beitrag leisten Sie, um mehr und mehr aus Ihrem Leben zu machen?

Der Traum vom billigen Leben

Sparsam waren wir Deutschen schon immer gerne. Inzwischen geht es noch leichter, noch schneller und vor allem auch noch bequemer. Wir brauchen nicht mehr zu rechnen, nicht mehr zu warten und auch nicht auf etwas hinzusparen. Wir wollen und können gleich das haben, was wir haben wollen. Wenn uns die Angebote der Billigketten ins Haus flattern, dann schlagen wir großzügig zu. Gerade so, als wäre unser Jagdinstinkt erstmals in die Pubertät gekommen. Denn an »billig« wird trotz aller Liebe zu Geiz noch nicht gegeizt. So »sparen« wir weiter und kaufen Dinge, die man eventuell gebrauchen kann, ohne die man bisher aber auch ganz gut leben konnte. Jeden Kauf, den wir uns eigentlich gar nicht leisten könnten, stottern wir mit einem der reichhaltig vorhandenen Finanzierungsangebote monatlich ab.

Die großen Einkaufslandschaften sind karg, und wir haben uns daran gewöhnt: an lagerhallenartige Einkaufsmärkte, prall gefüllte Paletten mit lieblos aufgestapelten Warenkartons, schwer auffindbare Mitarbeiter und Menschen, die durch die Gänge jagen nach billigen Produkten. Zwischenmenschliche Begegnung hat da keinen Platz und keinen Wert mehr. Auch das nehmen wir »billig« in Kauf. Einkaufen ist für uns kein Genuss mehr. Unsere sinnliche Wahrnehmung hat spürbar unter »billig« gelitten.

Blumen nehmen wir im Vorbeigehen schnell an der Kasse mit und wissen schon bald nicht mehr, welches Gefühl es ist, in einem Geschäft einzukaufen, in dem Menschen arbeiten, die dies mit Liebe tun. In einem Blumenladen die Vielfalt an Blumen (die zwangsläufig immer mehr ausdünnt) wahrzunehmen, den sinnlichen Duft zu riechen und das Einkaufen selbst zu erleben und zu genießen, das geht uns verloren. Wenn es dann diese Läden und diese Vielfalt nicht mehr gibt, wird irgendein cleverer Werbespot uns wieder in diese Situation versetzen. Sehnsüchtig werden wir bei dem Gedanken dahinschmelzen, was für ein besonderes Ereignis es war, in einem schönen Blumengeschäft einen Blumenstrauß für einen ganz besonderen Menschen auszuwählen. Es zählte nicht nur das Produkt, es war der Gedanke, das Auswählen, das Hineinversetzen in den anderen, an den man dabei liebevoll dachte ... oder einfach eine große Freude für einen selbst. Und wenn der Strauß fertig war, war er immer eines: *einzigartig!*

Bewusst einzukaufen steht also nicht mehr hoch im Kurs. Dabei ist das nur ein repräsentativer Teil eines bewussten Lebensgefühls. Gleichermaßen bezieht sich »billig« nicht nur auf unsere Einkäufe. Wir leben billiger, schnelllebiger, unbewusster und machen wahllos Dinge, ohne ihnen Aufmerksamkeit zu schenken.

> »Billig« ist Ausdruck unserer Lebensgestaltung.

Wir investieren zusätzlich wertvolle Zeit, nur um Dinge noch günstiger zu erlangen. Wir verzichten auf Lebensgenuss, während wir in Umgebungen einkaufen, die an menschlicher Gleichgültigkeit kaum noch zu überbieten sind.

Wo halten Sie sich, wenn Sie ehrlich zu sich selbst sind, lieber auf: an einem Ort, an dem menschliche Begegnung stattfinden darf und es »menschelt« – oder an einem Ort, an dem man sich zugunsten von »billig« kaum noch Menschen leisten kann? Es »produktelt« vielerorts, denn unseren Produkten messen wir Wert bei. Der Mensch hat offensichtlich an Wert verloren und darf nichts mehr »kosten«. Klarheit über eigene Werte hat da keinen Platz, und für Qualität ist kein Geld da. So ist »billig« zum »Qualitätsgütesiegel« mutiert. »Billig« hat einen entscheidenden Vorteil: Der Preis ist das entscheidende Kriterium. Und das erleichtert die Sache ungemein. Genau genommen müssen wir gar nicht mehr entscheiden, denn das macht der Preis ja bereits. Vielleicht heißt es deshalb, dass »billig« nun »lebt«.

> Genießen Sie billig oder wertvoll?

Unsere Lebensqualität jedenfalls ist durch den siegreichen Einzug von »billig« in unserem Leben nicht gestiegen. Wir verzichten freiwillig auf den individuellen Ausdruck unserer Persönlichkeit, während wir uns mit Standard-Massenprodukten begnügen. Wir kaufen nicht mehr das, was uns erfüllt oder was wir wollen, sondern das, was es gerade billig im Angebot gibt. Wir kaufen nicht nur bewusst und gezielt das, was wir wirklich benötigen, sondern in rauen Mengen Dinge, die wir eventuell irgendwann einmal brauchen könnten.

Dafür wird langfristig im Voraus geworben, damit wir uns noch besser auf das Angebot der Discounter einstellen können. Am Preis wird fleißig gespart: bei technischen Geräten ebenso wie bei gesunder Ernährung, bei Produkten genauso wie bei Menschen, bei anderen und bei uns selbst natürlich gleich mit. Wir sind zu sparsam und zu geizig, noch in uns zu investieren.

Wer soll dann noch in Menschen investieren, in Zeiten, in

denen wir selbst schon bereit sind, am eigenen Leibe zu sparen?

Ein »Ja« für den billigsten Anbieter ist immer auch ein »Ja« zu dem dahinterstehenden Konzept. Und das dahinterstehende Konzept ist schnell auf einen gemeinsamen Nenner gebracht: absolute Gewinnmaximierung – ohne Rücksicht auf menschliche Verluste. Wenn wir nur Produkte aus den Billigmärkten nachfragen, tragen wir dazu bei, dass immer mehr Menschen nur gering entlohnt werden und immer mehr Menschen in Zukunft keine Arbeit mehr haben werden. Auch wird »billig« immer relativer und vor allem auch zunehmend und schleichend teurer, je mehr die »Konkurrenz« schrumpft. Vertrauen in die Angebote der Discounter ist nicht uneingeschränkt angebracht und Kontrolle dringend notwendig. Das Zeitfenster, in dem all unsere Einkäufe auf dem Müll landen, hat sich in den letzten Jahren dramatisch verkürzt – und verkürzt sich weiter. Wie wertvoll sind all diese »Sachen«, die unser Leben nur derart kurz zu bereichern vermögen? Spätestens wenn wir die Kosten der Entsorgung berücksichtigen, kommen wir zu dem Schluss, dass billig schon längst »zu teuer« ist. Die dadurch bedingte, nicht wiedergutzumachende, höhere Umweltzerstörung noch nicht gerechnet. Sie lässt sich weder berechnen noch mit Geld wiedergutmachen. »Billig« kommt uns also teuer zu stehen.

> Ein »Ja« für den billigsten Anbieter ist immer auch ein »Ja« zu seinem Konzept.

Was ist dann das Attraktive von »billig«? »Billig« bringt unsere Augen zum Leuchten, denn es verspricht uns mehr von allem für weniger Geld. So »sparen« wir – ohne uns des hohen Preises bewusst zu sein, den wir persönlich und letztendlich auch als Gesellschaft still und leise und kontinuierlich zahlen.

Es wird Zeit, das Billig-Versprechen genau zu prüfen. »Billig« wird es auch in Zukunft nicht vermögen, uns das zu schenken, was wir uns in Wahrheit wünschen.

Wer soll unsere Einzigartigkeit, Vielfalt und unseren wahren Wert erkennen, wenn wir selbst dazu schon nicht mehr in der Lage sind? Wo soll die Wertschätzung für uns herkommen, wenn wir selbst nur noch wenig Wertschätzung empfinden und zu geben bereit sind? Wer soll die Probleme lösen, die wir im wahllosen Wertloskonsum aktiv mit verursachen – wenn nicht wir selbst?

»Billig« hat einen verdeckten hohen Preis und unüberschaubare teure Folgekosten. Ist Ihnen der Preis von »billig« Ihr wertvolles Geld wert?

Wegweiser

Wofür geben Sie gerne Ihre Wertschätzung in Form von Geld?

Worauf achten Sie beim Einkaufen?

Kaufen Sie gezielt und bewusst das, was Ihr Herz zum Schwingen bringt?

Worauf können Sie leicht verzichten, ohne dies als Verzicht zu erleben?

Wofür wären Sie bereit, vermehrt Ihr wertvolles Geld zu geben?

Wie sehr genießen Sie eine schöne Atmosphäre?

Wie gerne geben Sie Ihr Geld für Einzigartiges?

Welche Einkäufe bereichern Sie nachhaltig?

Welche Lebensqualität möchten Sie wachsen sehen in Ihrem Leben und in unserer Gesellschaft?

Wer spart, verliert

Billig ist teuer

Billige Preise bewirken eine Kette von Folgekosten, die uns und vor allem unsere Kinder noch sehr teuer zu stehen kommen. Doch daneben gibt es ganz reale Gründe, warum sich billig auch auf direktem Wege als teurer entpuppt:

»Billig« ist häufig kurzlebig. Das heißt, man kauft ein Produkt geringerer Qualität und freut sich daran nur kurze Zeit. Eine billige Lampe ist dann beispielsweise so verschweißt, dass keine Reparatur möglich ist und selbst der Austausch einer Glühbirne scheitert. Oder man kauft Kinderstifte für nur 1,99 Euro, die dann bei der ersten Verwendung abbrechen. Spontan ist man geneigt zu denken: »Na ja, noch nicht mal 2 Euro.« Nur: Abgesehen davon, dass man dann noch Stifte guter Qualität zu einem höheren Preis erwerben muss, sind diese 1,99 Euro für *NICHTS* nicht die teuersten 1,99 Euro?

»Billig« verleitet zu Mehrkauf. Teurer als geplant wird es auch, wenn wir aufgrund hinreißend günstiger Preise mehr einkaufen, als wir wollen und brauchen. Viele Menschen scheinen bei »billig« regelrechten Kaufzwängen zu erliegen. Neben den Vorratskerzen, die man immer mal brauchen kann, wird dann auch beiläufig der graue Bademantel aus Fleece für nur 12,50 Euro eingepackt. Abgesehen davon, dass Fleece nicht einmal die Wasserreste nach dem Duschen trocknet und somit das Letzte ist, was man am Morgen braucht: Wie oft gönnt man sich einen neuen Bademantel? Sicher selten genug. Dann könnte man sich auch genau den leisten oder zu einem besonderen Anlass schenken lassen, der einen in Form, Farbe und Qualität auch wirklich überzeugt und somit für sehr lange Zeit eine wirkliche Wohltat ist.

Wenn man sich konsequent alle unnötigen billig-bedingten Zwischenkäufe spart, hat man mit hoher Wahrscheinlichkeit nicht nur den schönsten Bademantel, sondern obendrein noch mehr Geld übrig.

Zudem vermag all das, was Sie sich mit Wertschätzung leisten oder sich schenken lassen, Sie immer wieder mit diesem Gefühl erlebbarer Wertschätzung zu verbinden: Sie fühlen sich geschätzt. Wie wertvoll ist das?

Umgekehrt verlangt Einschränkung nach Belohnung. Bewusst oder unbewusst belohnen sich viele Menschen für all das fleißige Sparen, das sie sich jeden Tag selbst abverlangen. So nimmt man zum Beispiel nach strapazierendem Angebote wälzen und Preise vergleichen die günstigste Reise mit einigen Abstrichen in Kauf, um spätestens vor Ort das eingesparte Geld doppelt großzügig zu verprassen – »Man ist ja eh schon soo günstig geflogen.«

Der an sich gesunde Gedanke »Das habe ich mir jetzt verdient!« taucht dabei nicht aus tief empfundener Selbstwertschätzung auf, sondern aus aufgestauter Frustration und dem Belohnungswunsch nach selbst auferlegter Enthaltsamkeit. Negative Gefühle werden geschürt, finanziell befriedigt und weiter kultiviert.

Und da diese Belohnungen nicht rein rational entschieden oder vorher berechnet werden, übersteigt das Maß nicht selten die eigentliche Einsparung.

»Billig« kostet wertvolle Zeit. Um billige Leistungen zu erhalten, investieren wir großzügig unsere Zeit, sowohl für die Recherche, die Planung, Organisation oder ganze Extrafahrten dorthin. Zeit, die uns für ein reicheres Erleben an allen Ecken und Enden fehlt: für Hobbys, Sport, Muße, Entspannung, Treffen mit Freunden, Zeit mit dem Partner, der Familie, Spielen mit den Kindern oder für regeneratives Nichtstun. Für »billig« nehmen wir uns die Zeit, um rechtzeitig zur Pfortenöffnung der Discounter an Ort und Stelle zu sein oder am Wochenende zu entlegenen Marken-Outlets zu fahren. Gerade so, als habe die eigene freie Zeit keinen Wert.

> Für »billig« zahlen wir einen hohen Preis.

Wofür investieren Sie großzügig Ihre wertvolle Lebenszeit?

»Billig« macht nicht reich. Eine Schnäppchenjagd bedeutet nicht immer Glück und Erfüllung und auch nicht zwangsläufig mehr Geld im eigenen Portemonnaie.

Es geht nun nicht darum, teuer einzukaufen, Geld mit vollen Händen auszugeben und womöglich Konsumschulden zu machen. Die Pro-Kopf-Verschuldung ist bereits in Schwindel erregende Höhe gestiegen. Allerdings nicht, weil die Werte zu teuer geworden sind, sondern weil wir uns verbilligen. Die steigenden Konsumschulden sind in vielen Fällen eine direkte Folge unserer Billigmanie. Mit billigsten Preisen werden wir motiviert und verführt, uns Dinge zu leisten, die wir uns eigentlich nicht leisten könnten. Vielfältige Finanzierungsmodelle bieten die Möglichkeit und Gefahr, uns ein Leben auf Pump zu leisten. Großzügig kaufen wir Küchen, Autos, Fernseher, Computer, alles, was das heutige Herz begehrt und wofür wir uns zu jahrelangen Ratenzahlungen verpflichten. Wir kaufen heute Kleider und zahlen frühestens in drei Monaten. Mit der Klarheit, dass wir uns die Dinge, die wir uns jetzt nicht leisten können, einfach nicht leisten können, würden wir sie schlichtweg nicht kaufen. Doch für »billig« begeben wir uns schnell und leichtfertig in nachhaltige finanzielle Engpässe.

Brauchen wir also wirklich alles, nur weil es uns scheinbar günstig angeboten wird?

Steigern Sie Ihr Bewusstsein im Umgang mit Geld, sowohl beim Geldverdienen als auch beim Geldausgeben. Achten Sie dabei auf den wahren Wert dessen, was Sie erwerben – und seien Sie achtsam mit jedem Euro.

> Wollen Sie sich »billig« wirklich leisten?

Beantworten Sie sich einfache Fragen – auch und gerade dann, wenn das Produkt scheinbar billig ist – wie:

Brauchen Sie es?

Brauchen Sie es sofort?

Ist es Ihr wertvolles Geld wert?

Steigt der Wert der Sache potenziell?

Oder ist heute schon absehbar, dass Sie damit in kurzer Zeit nur noch mehr Müll bewirken?

Bleiben Sie wachsam beim Sparen, ob Sie unterm Strich wirklich mehr Geld und einen echten Mehrwert in Ihrem Leben haben. Sparen Sie doch einfach mal an allem, was Sie sich wirklich sparen können.

Wegweiser

Worauf legen Sie bei Ihren Einkäufen wert?

Sparen Sie, um Geld zu sparen? Sparen Sie, wenn Sie sparen?

Wo zahlen Sie unterm Strich mehr, als Sie beabsichtigt haben?

Wo lassen Sie sich noch von »billig« verführen?

Wie bewusst Wert steigernd investieren Sie Ihr Geld?

Was kaufen Sie »im Angebot«, was Sie sich ganz sparen könnten?

Bei welchen Werten können und wollen Sie sich mehr als »billig« leisten?

Wofür investieren Sie Ihre wertvolle Lebenszeit?

Welche Qualität möchten Sie Ihrem Leben geben?

Der Einzelhandel vereinzelt

Der individuelle Charme von Städten und Dörfern hat seinen Wert verloren. Einzigartigkeit und Vielfalt vieler Geschäfte um die Ecke weichen einem Massenangebot am Rande der Stadt. Die Attraktivität lebendiger Zentren schwindet mit zunehmend weltweit agierenden Ketten, die ihre Fassaden mit schrillen, Rabatt versprechenden Plakaten behängen.

Amerikaner lieben unsere europäischen Altstädte, weil es die historischen Schätze in dieser Vielfalt in ihrer Heimat nicht gibt. Stolz bauen sie ganze Ortsbilder nach und besichtigen diese »Old Towns«. Wir tragen trotz dieser bestehenden Werte dazu bei, dass unsere traditionsreichen Geschäfte der Reihe nach aufgeben und anonyme Hallen ohne Herz entstehen.

Für unseren nationalen Tourismus hinterlassen die beliebten Ketten ebenso ihren unerwünscht billigen Beigeschmack. Es ist die Frage, wie viele ausländische Touristen, die zu dem Umsatz unseres Einzelhandels beitragen, noch Interesse an unseren Städten haben, wenn es hier bald so aussieht wie bei ihnen zu Hause. Für uns hat das zwar den Vorteil, dass wir uns überall schnell zurechtfinden, wenn sich unsere Großstädte weltweit bald gleichen wie ein Ei dem anderen, aber warum sollten wir dann überhaupt noch diese Städte besichtigen? Dass die uns bekannten Unternehmen auch in Asien vorzufinden sind, ist wohl keine Reise wert.

Magere Margen in allen Bereichen der Reisebranche werden immer noch enger. Kleine Veranstalter haben nicht die Marktmacht wie die großen und müssen mit ganz anderen Kosten rechnen. So geht die Rechnung bei zunehmendem Preisdruck für viele kleine Reiseveranstalter irgendwann nicht mehr auf. Konkurs ist die Folge. All das, was kleine feine Unternehmen auszeichnet und an Know-how besitzen, ist im Konkursfalle nichts mehr wert. Langjährige Erfahrung, umfassendes und spezielles Wissen, Beziehungen zu den Menschen vor Ort und Liebe zu den Ländern, die aus Überzeugung vermittelt werden, zählen nicht mehr. Sozial- und umweltverträgliche Tourismuskonzepte sind kaum zu realisieren in einem Markt, in dem nur noch der Preis zählt.

Im Zuge des Preisdrucks, der alle Branchen betrifft, wurde eingespart. So verfügen die meisten Unternehmen heute nicht mehr über den Personalstand wie noch vor zehn Jahren. Die Folge ist, dass Sie als Kunde heute auch bei einem höheren Preis nicht mehr die Gewähr für optimale Qualität haben.

Unser Bewusstsein wacht kurzfristig immer dann auf, wenn offensichtlich ist, dass am falschen Ende gespart wurde und Menschen dieses »Versagen« mit ihrem Leben bezahlen. Zahlreiche vermeidbare Katastrophen sind direkte Ursache von zuvor erfolgtem Sparen, dadurch bedingtem unverantwortlichem Personalmangel an essenziellen Stellen, mangelhafter Wartung, dem Gebrauch längst überholter Technik und veralteter Geräte und Ähnlichem. Dass solche Entwicklungen auch durch unsere Nachfrage nach dem günstigsten Angebot mit bewirkt werden, darüber wollen wir nicht nachdenken. Menschliches Versagen ist menschlich, aber personelle Dauerengpässe, die zu überforderten und frustrierten Mitarbeitern führen, fordern unnötige Unfälle heraus.

Vom Preisdruck sind alle Unternehmen in irgendeiner Form betroffen, und die wenigsten stehen selbstbewusst zu höheren Preisen, ohne Einschränkungen vorzunehmen. Konkurrenz belebe das Geschäft, heißt es. Das mag zutreffen, solange man noch von wirklichen Konkurrenten spricht, die es miteinander aufnehmen können. Nur leider gilt das heute nicht mehr, wenn übermächtige Verkaufsgiganten gleich zum Exodus der immer kleiner werdenden »Konkurrenz« führen. Wie viele Wochen und Monate wohl ein kleiner Fahrradhändler sein Auskommen hätte mit dem Tagesumsatz eines der allseits bekannten Discounter, wenn es dort an einem einzigen Tag Fahrräder im Angebot gibt? Es gibt kaum noch eine Branche, für die Discountmärkte keine lebensbedrohliche Konkurrenz darstellen: Blumenhändler und Gärtnereien sind davon genauso betroffen wie Elektro-Fachgeschäfte, Lebensmittelhändler, Bekleidungsgeschäfte, Möbelhäuser …

> Vielfalt und Einzigartigkeit schwinden zugunsten einheitlicher Massenprodukte.

Diese Konkurrenz belebt nicht mehr das Geschäft, sondern beerdigt Geschäfte. Es gibt immer weniger Unternehmen auf dem Markt, die an Marktmacht gewinnen. Die marktbeherrschenden Unternehmen sprechen vermehrt ihre Preise untereinander ab, um sie hochzuhalten. Noch haben wir eine Wahl, aber diese wird viel zu häufig zugunsten von »billig« getroffen und die Auswahl damit immer kleiner. Wenn wir dann, wie es sich in anderen europäischen Ländern bereits abzeichnet, nur noch zwischen zwei großen Supermarktketten wählen können, ist es fraglich, ob Sie als Kunde noch der Gewinner sind.

In vielen kleinen Geschäften fällt der Gewinn bereits bescheiden aus. »Man ist froh, wenn man überhaupt überlebt. Was soll man auch machen?« Also macht man Abstriche. Glauben Sie, dass eines der großen und auf »billig« ausgerichteten Unternehmen Abstriche macht? Ihnen zuliebe? Sich selbst zuliebe wird es stets Gewinn maximierend ausgerichtet bleiben. Sobald eine Kassiererin nicht mehr 100 Prozent ausgelastet ist, entsteht eine Halbtagsstelle mehr oder gleich eine Ganztagsstelle weniger. Sonst, das wissen wir alle, müssten doch die Preise steigen. Da sparen wir lieber weiter.

Marktmächtige Anbieter können trotz günstigerer Endpreise erhebliche Gewinne realisieren, da sie mehr umsetzen und massenbedingt unschlagbar günstig einkaufen – zu einem Bruchteil dessen, was ein kleiner Einzelhändler im Einkauf zahlen muss. Insofern drängt sich die Frage auf, wie kleine Einzelhandelsgeschäfte überhaupt noch vergleichbare faire Preise anbieten können, trotz akuter Überbeschäftigung, gut ausgebildeten Personals, umfassenderer Dienstleistung, höherer Gehälter, höherer Ladenmieten, höherer Einkaufspreise ...

In der Metzgerei meiner Eltern sind vier Personen in Vollzeit beschäftigt und zusätzlich Aushilfskräfte halbtags oder stundenweise auf 400-Euro-Basis. In vielen kleineren Geschäften schaut die Beschäftigungsbilanz nicht anders aus. Wenn man also den Pro-Kopf-Umsatz dieser kleineren Geschäfte bzw. des Einzelhandels vergleicht mit den Großketten, dann erkennt man das ganz offensichtliche Überbeschäftigungsproblem des Einzelhandels.

Wo ist Ihre Individualität geblieben?

Wir meiden unseren Einzelhandel und kleinere Unternehmen und wundern uns, wo die Vielfalt an Arbeitsplätzen geblieben ist. Bei den beliebten Großketten sind sie nicht zu finden. Wir haben uns mit ausverkauft aus den prall gefüllten Restpostenregalen. Nur noch die billigsten unter den billigen Arbeitnehmern finden hier einen Arbeitsplatz. Der Gewinn in der Kasse der Discounter steigt, während die sparende Bevölkerung von der Hoffnung zehrt, dass durch Einsparungen beim Einkauf mehr Geld im eigenen Geldbeutel bleibt. Der menschliche Faktor ist bei den Alternativen, die sich durch »billig« bieten, zu teuer geworden. Er wird nicht mehr bezahlt und erscheint nun nicht mehr bezahlbar.

Der Einzelhandel wird von seinen Kunden zunehmend wörtlich genommen, so dass mit steigender Selbstverständlichkeit die ausgezeichneten Preise einzeln verhandelt werden. Auch das ist eine unliebsame Nebenwirkung unseres selbstbewussten Billigpreisdenkens, nämlich dass wir den Bezug zu dem Wert verlieren, den wir erwerben, und vor allem unsere Wertschätzung für die Menschen, die uns ihre Dienstleistung anbieten.

Vor 10 bis 15 Jahren, als die kleinen Unternehmen und Geschäfte noch gut liefen, ging es auch den meisten Angestellten noch besser, und die Arbeitslosenquote lag bei einem verträglicheren Niveau. Die Zeiten haben sich geändert, weil wir uns geändert haben. Auf dem Lande hat bereits vor vielen Jahren eine Bereinigung der Angebotsstruktur stattgefunden. Bäcker, Metzger, Schuh- und Modehäuser sind mangels Nachfrage aus dem Dorfbild verschwunden. Viele Geschäfte stehen leer, und die Ortskerne haben an Lebendigkeit spürbar eingebüßt. Dort, wo sich früher Menschen jeder Generation begegneten und in den Pausen bei ihrem Einkaufsbummel Straßencafés füllten, tummeln sich an leeren Marktplätzen Jugendliche, die so verloren wirken wie das sie umgebende Ortsbild. Die Einkäufe finden in den billigeren Gewerbegebieten statt. Und das Leben?

In meiner Kindheit konnte man in meinem Heimatort noch selbst versorgend bestehen und alles einkaufen, was man zum Leben brauchte. Es gab ein großes Lebensmittelgeschäft und gegenüber einen kleinen Tante-Emma-Laden. Beide sind verschwunden und die Versorgung findet durch die in beiden Richtungen etwa vier Kilometer entfernten Lebensmitteldiscounter statt. Für ältere Menschen bedeutet das einen erheblichen Aufwand, mit dem Bus einkaufen zu fahren oder sich in die Abhängigkeit ihrer Familie zu begeben. Von allen erfordert diese Tatsache mehr Zeit, Organisation und Mobilität. Um billig einkaufen zu können, tragen wir unser Geld – wenn es sein muss, auch mit erheblichem Mehraufwand – zur nächstgelegenen Kette. Im eigenen Ort oder mit einem eigenen Geschäft verdient kaum noch jemand seine Brötchen.

Der Einzelhandel geht ein. Und mit ihm wertvolle Plätze der Begegnung. Wenn man ältere Menschen in Großstädten beobachtet, wie sie trotz ausreichend Zeit durch Supermärkte geschleust werden, ohne jeden persönlichen Kontakt, dann wird die schleichende Vereinsamung greifbar. Wenn man in der Zeitung liest, wie viele Menschen in ihrer Wohnung sterben und erst nach Tagen gefunden werden, dann ist auch das ein Ergebnis unseres alltäglichen beziehungslosen Wirkens. Dem Verkäufer von nebenan, der seine Kundschaft noch persönlich kennt, würde das Ausbleiben eines Stammkunden auffallen.

Kundengewinnung und Auftragsvergaben erfolgen immer noch erfolgreich und gerne dort, wo man direkt mit Menschen in Kontakt ist. Während Kassierer in Einkaufsmärkten auf das Kassieren begrenzt sind, sind Einzelhändler weit mehr als Verkäufer. Sie bieten einen Platz der Begegnung und des Austauschs, kennen sich in ihrem Umfeld bestens aus, sind darüber stets informiert, können viele Fragen beantworten oder hören sich gerne um. Sie kennen immer jemanden, der jemanden kennt …. Noch so ein Luxus, den es in billigen Einkaufsmärkten nicht gibt.

Probleme entstehen nie durch »Andere«. So liegt das Problem beispielsweise auch nicht darin, dass es zu günstige marktmächtige Anbieter gibt. Denn »billig« polarisiert und begünstigt dadurch auch den Markt für »teuer« und »wertvoll«.

Der Einzelhandel hat in der Vergangenheit dringend notwendige Veränderungen zu lange gemieden und gute Chancen verschlafen. Doch anstatt sich nun ohne jedes Fettpolster weiter in den sicheren Tod zu hungern, wäre es nahrhafter, sich aus der Resignation heraus wieder gemeinsam auf seine Einzigartigkeit, Qualitäten und ein sinnliches Einkaufserlebnis zu besinnen. Schlankheitskuren machen auch nur Sinn, wenn man schlank werden will, aber nicht, wenn man schon rappeldürr ist.

Jeder trägt seinen Teil der Verantwortung an den Entwicklungen, die sich im eigenen Leben und in unserer Gesellschaft vollziehen. Wir können nicht entgegen unserer eigenen Überzeugung handeln und uns dann über die Konsequenzen beschweren, die unser eigenes Verhalten unausweichlich nach sich zieht. Wir können nicht blind dem Herdentrieb in eine Richtung folgen, die dadurch in ihrer Entwicklung erst gefährlich wird – und die Verantwortung dafür abgeben oder andere verantwortlich machen. Managern, Unternehmern und Politikern werfen wir gerne ein zu kurzfristiges Denken vor. Doch wie mittelfristig und nachhaltig denken und handeln wir bei unserem täglichen Umgang mit Geld?

Wir sind aufgefordert, mit unserem eigenen Handeln zu dem beizutragen, was wir uns für uns selbst wie auch – über unseren eigenen Tellerrand hinausgehend – für die Generationen nach uns wünschen. Dann wächst von alleine mehr

Vielfalt dort, wo bislang eine zu große Masse zu sehr einseitiger Entwicklung und Vereinzelung geführt hat.

Es gibt sie, die kleinen und feinen Läden, und sie tauchen immer wieder neu auf dank der Menschen, die etwas erschaffen wollen, an das sie glauben und woran sie selbst Freude haben. Menschen, die für diese Leidenschaft ein sehr hohes Risiko auf sich nehmen und die Verantwortung dafür tragen. In der Vergangenheit wurden sie allzu oft vernachlässigt und links liegen gelassen, die kleinen Geschäftchen, in denen wir immer noch alles finden, was unser Herz begehrt. Sie alle sind einzigartig und sie alle haben eines gemeinsam: Sie verdienen es, ihre – Ihre – Nachfrage zu finden.

Wegweiser

Wo kaufen Sie gerne ein?

Welche Unternehmenskonzepte unterstützen Sie mit Ihren Einkäufen?

Wie sehr achten Sie bei Ihren Einkäufen auf menschliche, soziale und ökologische Aspekte?

Wie wichtig ist Ihnen das leichte Erreichen von Geschäften in Ihrem nahen Umfeld?

Wie viel ist Ihnen Individualität und Einzigartigkeit wert?

Wie mittelfristig und nachhaltig denken und handeln Sie bei Ihrem täglichen Umgang mit Geld?

Tragen Sie schon die volle Verantwortung für Ihr Geld und das, was daraus erwächst?

Zu welcher Entwicklung wollen Sie mit Ihrem Geld gerne beitragen?

Nostalgische Gedanken
an sichere Arbeitsplätze

Unser Traum vom sicheren Job – er ist geplatzt. Selbst bei den großen Arbeitgebern sind die guten Zeiten vorbei, und es wird rationalisiert, wo immer es möglich ist. Nach und nach verringern sich die sozialen Leistungen, und bei Kündigungen gelten auch schon nicht mehr die so genannten sozialen Kriterien als Maßstab. Es trifft nicht nur diejenigen, die mit gewohnten Gehaltssteigerungen ausgeruht auf den vorzeitigen Ruhestand warten, jetzt werden alle über einen Kamm geschoren. Der Angestellte verliert seinen Status und seinen Wert und muss zukünftig froh sein, überhaupt noch angestellt sein zu dürfen.

In Zeiten von »billig« kann sich niemand den Preis von »teuer« leisten. Der Markt hat es ja scheinbar bewiesen. Allerdings nur scheinbar. Denn wer hat wirklich eigene Werte vertreten und ausgebaut, anstatt kurz entschlossen mit auf den hoffnungslosen Konkurrenzzug aufzuspringen?

In der gesamten asiatischen Region liegt immer noch riesiges Potenzial, welches Unmengen an billiger Produktion mit Leichtigkeit ermöglicht. Der Versuch, mit der internationalen Konkurrenz auf dem Preisniveau mitzuhalten, wird also auch in Zukunft keine Steilfahrt bergauf für uns werden.

Wir sind zu teuer geworden. Genau genommen waren wir schon immer teuer und auch teurer als Arbeitnehmer in anderen Teilen der Welt. Aber wir waren es wert. Zumindest so lange, bis wir unseren Wert selbst verkannt und aufgegeben haben. Wir standen nicht nur für Spitzenprodukte, sondern auch für Spitzenleistungen. Darüber hinaus verkörperten wir Unabhängigkeit, Fortschritt, Demokratie, Vereinigung, Gleichberechtigung, ein soziales und menschliches Umfeld und Freiheiten, die es in vielen anderen Ländern nicht gibt. Wir hatten den Wohlstand, den andere Länder so begehrenswert fanden, dass sie deshalb unsere Produkte und damit ein Stück Deutschland kauften.

Deutsche Produkte waren trotz »teuer« stets sehr gefragt. So waren beispielsweise deutsche Autos nicht nur wegen ihrer Qualität, sondern auch und vor allem wegen ihres Prestiges heiß begehrt. Der hohe Preis verkörperte ein Statussymbol und war sexy. Nicht »billig-primitiv-sexy«, sondern »edel-knackig-begehrenswert-sexy«! Sie hatten ihren eigenen Stil und eine ganz eigene Klasse!

Höchste Professionalität, Präzision, beständige Zuverlässigkeit und kontrollierte Qualität, die unsere Produkte auszeichnen, sind wertvoll und erfordern Zeit und Geld. Mit günstigsten Preisen ist dieser Qualitätsanspruch nicht zu erhalten oder der Vorsprung auszubauen, denn gerade an Zeit und Geld muss dann gespart werden.

> Durch »billig« sinkt auch der Wert für unsere Arbeitsleistung.

Nur: Bloß dadurch, dass wir – wie alle anderen auch – etwas billiger anbieten, werden wir noch lange nicht begehrenswerter. Im Gegenteil: Mit mittelmäßigen und vergleichbaren Produkten zu vergleichsweise immer noch hohen Preisen fallen wir berechtigterweise bei der Konkurrenz unter den Tisch.

Dafür wird qualifiziertes Personal reduziert oder durch

billige Praktikanten ersetzt. Die guten Leute sitzen damit auf der Straße und unterbezahlte hoch engagierte Berufsanwärter werden überfordert und in ihrem eigenen Wertewachstum begrenzt. Von Teamgeist keine Spur, stattdessen strapazieren ständige Einarbeitungen und Erklärungen die Nerven aller Beteiligten. Durch zusätzlichen Stress und Frust entstehen Fehler, die wiederum Kosten produzieren, die keiner einkalkuliert hat. Der so schön hochgerechnete Gewinn stellt sich nicht in der erwarteten Höhe ein oder bleibt ganz aus. Spaß und Arbeitsfreude schrumpfen zu neuen Rekordtiefs. Wie dabei die Qualität steigen oder auch nur gehalten werden soll, bleibt eine offene Frage.

Ganze Produktionen werden nur aus Kostengründen ins Ausland verlagert, und erst dort stellt man fest, dass aufgrund einer anderen Mentalität ein erheblicher Mehraufwand notwendig wird. So steigen die Kosten auch für »billig« – und auch im Ausland.

> Sind billige Preise es wert, dass Ihre
> Arbeitsleistung an Wert verliert?

Deutsche Wertarbeit. Was heißt das eigentlich? Angesichts »deutscher Wertarbeit!« sind wir sofort mit gewissem Stolz erfüllt. Aber was genau erfahren wir dadurch? Ist das Wertarbeit, quasi wie jede Wertarbeit eines Menschen überall auf der Welt – nur aus Deutschland? Oder soll das heißen, dass es Wertarbeit ist, weil sie aus Deutschland kommt? Vielleicht müssen wir inzwischen auch wieder betonen, dass wir noch zu deutscher Wertarbeit fähig sind. Aus ehemaliger deutscher Wertarbeit ist im Zuge von »billig« nicht nur ein billigeres Produkt geworden, sondern sogar eine »Minderwertarbeit«, in der sich auch unser vermindertes Selbstwertgefühl ausdrückt.

Vor einiger Zeit hatte unsere Arbeitsleistung noch einen

fühlbar höheren Wert. Motivierte Arbeitnehmer haben diesen aktiv in die Unternehmen eingebracht, einen Mehrwert erzeugt und wurden dafür entlohnt. Wir haben gut gelebt, Geld gerne ausgegeben und in Nachfrage umgesetzt.

Jetzt wird überall gespart und menschliche Leistung rationalisiert, bis nur noch stupide Arbeiten übrig bleiben. Viele dieser Arbeiten werden ersatzweise von Maschinen oder günstigeren Arbeitern aus so genannten Billiglohnländern verrichtet. Wobei ein Billiglohnland den entscheidenden Vorteil hat, dass nicht nur die Löhne »billig« sind, sondern auch die dazugehörigen Lebenshaltungskosten.

Jedoch braucht es (selbst)wertbewusste Arbeitgeber wie Arbeitnehmer. Der wertorientierte Arbeitnehmer kennt seinen Wert, entwickelt sich gerne weiter, bringt sich und seine Qualitäten optimal ins Unternehmen ein und übernimmt gerne mehr Eigenverantwortung – mit gewonnener Wertschätzung sich selbst, seinem Arbeitsplatz und seinem Arbeitgeber gegenüber. Der wertorientierte Arbeitgeber folgt seinen Überzeugungen und schwimmt auch mal gegen den Strom. Er reduziert sich nicht ausschließlich auf kurzfristige Kostenreduzierungen, sondern hat nachhaltig gesunde Entwicklungen im Fokus. Er steigert gerne den Wert der Unternehmensbasis und seiner Mitarbeiter, um zielgerichtet und stabil den Gesamtunternehmenswert zu steigern.

Von der Vorstellung eines gesicherten Arbeitsplatzes, für den der Arbeitgeber zu sorgen habe, werden wir uns verabschieden müssen. Ein Prozess, den jeder Selbstständige mit dem Schritt in die Selbstständigkeit schon erfolgreich abgeschlossen hat.

Ich selbst habe mir selbst zuliebe und insofern aus Gründen meiner eigenen Sicherheit meine sichere Anstellung mit Aussicht auf Verbeamtung als Fachangestellte in der Arbeitsförderung gekündigt. Ich habe den Beruf geliebt und jeden Tag gerne dort gearbeitet. Der klare Verlauf meiner Gehaltsentwicklung, der in keiner Weise meine Persönlichkeit, meinen Einsatz oder gern gegebenes überdurchschnittliches Engagement berücksichtigte, hat mir jedoch nicht das Gefühl angenehmer Sicherheit vermittelt, sondern Frust. Die Gewissheit, dass mein individueller Beitrag die nächsten 40 Jahre finanziell unbeachtet bleiben würde und ich in diesem System nichts daran ändern konnte, löste alles andere als Motivationsschübe und Freude aus. Nach nicht allzu langer Zeit wurde mir bewusst, dass meine für mich selbstverständlich vorhandene Begeisterung in diesen Rahmenbedingungen keine Selbstverständlichkeit bleiben würde. Es ist seltsam, wenn man beginnt, um das zu kämpfen, was man von Natur aus hat – wie zum Beispiel Begeisterung. Als ich mich das erste Mal um 15:29 Uhr an der Stechuhr ertappte, darauf wartend, dass der offizielle Dienstschluss von 15:30 Uhr erreicht war, wusste ich, dass ich kündigen musste. Sofern ich mir das bewahren wollte, was sich in mir nach Weiterentwicklung sehnte. Ich wollte erfahren, ob ich in diesem System tatsächlich sicherer war oder nicht vielmehr zielsicher meinem beruflichen Exodus entgegen vegetierte. Ich wollte wissen, ob ich am freien Markt wirklich überbezahlt wäre oder nicht sogar mehr leisten und erreichen konnte. Ich wollte erleben, was ich zu bewirken vermochte. Meine Sicherheit, dass ich mehr für mich persönlich erreichen wollte, gewann. Ich kündigte – mir und auch meinem Arbeitgeber zuliebe.

Wenn Sicherheit glücklich und gesund machen würde, dann wären Beamte die glücklichsten und gesündesten Bürger unseres Landes. Dem ist nachweislich nicht so.

Zu viel Sicherheit kann auch zu Langeweile, Bequemlichkeit, Trägheit und Lustlosigkeit beitragen. Und dazu, das eigene Potenzial verkümmern zu lassen.

Weiterentwicklung ist das natürliche Bestreben eines jeden Menschen und damit sowohl ein Erfolgsfaktor wie auch ein Glücksfaktor.

Glückliche Menschen haben das Glück, Glück empfinden und vermehren zu können. Sie wissen wer sie selbst sind und was sie können und wollen. Sie haben Freude an dem, was Sie tun, erleben dadurch mehr Sinn und entwickeln sich weiter. Ihre eigene Begeisterung ist ansteckend und für andere anziehend. So sind sie immer in guter Gesellschaft. Sie setzen ihr Potenzial ein und machen das Beste daraus. All das macht glücklich. Und stolz. Und das macht noch glücklicher.

Verplempern Sie nicht Ihre wertvolle Zeit auf der Suche nach Schnäppchen, die Sie nur billiger machen. Investieren Sie in Ihren Wert und entfalten Sie Ihr Potenzial, um an Wert zu gewinnen. Die Summe Ihrer unendlich vielen Fähigkeiten, Talente und Kenntnisse, Ihre Lebenserfahrung, Ihr Wesen machen Ihre ganz einzigartige Qualität aus. Welchen Mehrwert liefern Sie Ihrem Arbeitgeber? Sie selbst sind die größte Sicherheit, die Sie für die Erhaltung Ihres Arbeitsplatzes haben.

Unternehmen, und dies gilt in wirtschaftlich angespannten Zeiten erst recht, leisten sich keine Arbeitnehmer mehr, die nur Arbeit nehmend oder abarbeitend denken. Mitarbeiter, die mitdenken und ihren Preis wert sind, weil sie dem Unternehmen zu einem echten Mehrwert verhelfen, rechnen sich dagegen immer.

Wegweiser

Verdienen Sie das, was Sie verdienen?

Was tun Sie, um sich Ihre Einkünfte auch in Zukunft zu sichern?

Sind Sie sich Ihres Wertes bewusst?

Wollen Sie anderen mehr wert sein?

Welche Ideen haben Sie, um den Wert Ihrer Leistung zu steigern?

Fühlen Sie sich noch abhängig von äußeren Umständen?

Wann sind Sie das letzte Mal gegen den Strom geschwommen?

Denken und handeln Sie auch im Angestelltenverhältnis selbstständig?

Leben Sie schon Ihr ganzes Potenzial?

Welches Potenzial liegt noch in Ihnen?

Sparsam macht arm

Es geht nicht um die Frage, ob nun teuer besser ist als billig. Es geht darum, dass uns Trends, denen wir in Massen folgen, gefährlich werden. Indem wir in rauen Mengen Produkte weniger Großkonzerne kaufen, geben wir ihnen zunehmend Macht, und zwar in Form von mehr Geld und auch größerem Einfluss. Ihre Preise können sie allein aufgrund der großen Menge an Produkten, die sie vertreiben, weiter drücken. Ein kleiner lokaler Anbieter kann da nicht mithalten. Das Geld wächst auf der einen Seite in dem Maße, in dem es durch die breite Masse an Menschen mit großer Bereitwilligkeit dorthin »gespart« wird, wo es ohnehin schon in Übermaß vorhanden ist. In der eigenen Region fehlt es dann im täglichen Umlauf.

Das Eigenverantwortungsgefühl von uns Käufern leidet bis hin zum Totalverlust, je mehr wir mit dem konform gehen, wie sich die gesellschaftliche Masse verhält. Denn man tut ja nur das, was alle tun. Den wenigsten Menschen ist dann noch ihr eigener Anteil bewusst, den sie zu der Entwicklung beitragen. Leicht resigniert gibt man sich dem eigenen Ohnmachtsgefühl hin, in der Hoffnung auf bessere Zeiten, bessere Politik und PolitikerInnen, bessere Unternehmer, eine bessere Wirtschaft …

Es scheint leichter, andere Menschen oder äußere Umstände für die eigene fehlende Zufriedenheit verantwortlich zu machen. Doch der Preis ist hoch. Jede Schuldzuweisung verhindert das Eigenverantwortungsempfinden. Wir geben damit gesunde Macht ab und begeben uns in Ohnmacht, das Gefühl, hilflos anderen Menschen oder bestimmten Situationen ausgeliefert zu sein. Damit opfern wir Glück und Seelenfrieden. Je weniger Macht ein Mensch in seinem Leben hat oder gar haben will, umso mehr mangelt es ihm unnötig an Geld und Einfluss im eigenen Leben. Haben Sie schon Ihr Bestes gegeben?

Sie haben die Wahl. Sie brauchen sich nicht hilflos mit weniger zufriedenzugeben. Sie selbst wählen, inwieweit Sie sich äußeren Umständen ausgeliefert fühlen oder schon in sich spüren, dass Sie mächtiger, kraftvoller und freier sind, als Sie bisher dachten. Falls Sie sich noch in Schuldzuweisungen und Ursachenfindung bei anderen üben, dann ist dies eine gute Nachricht für Sie: Indem Sie davon loslassen und sich ihrer eigenen Macht und Einflussbereiche in Ihrem Leben bewusst werden, befreien Sie sich aus Ohnmacht und dem damit verbundenen unnötigen Unmut und Frust. Stattdessen gewinnen Sie mehr Freiheit, Stärke und das Bewusstsein für Ihre Einflussmöglichkeiten, um mehr aus sich und Ihrem Leben zu machen. Sparen Sie nicht daran. Vergeuden Sie nicht Ihre Einflussmöglichkeit damit, sich arm zu denken und arm zu sparen.

Rein theoretisch ginge es noch sparsamer. Wir könnten nur noch die billigsten Arbeitskräfte aus dem Ausland zu uns holen und diese zu Minimallöhnen die Ware über die Tresen der Discounter ziehen lassen. Dann könnten wir uns auch an Laufhosen für nur 3 Euro erfreuen, generell noch billiger einkaufen, um unseren Lebensstandard scheinbar dadurch besser halten zu können …

Doch der Schein trügt. In der Folge zahlen wir einen weit überteuerten Preis für die billigen Produkte. Dieser zeigt sich in zusätzlichen Umweltbelastungen und Unmengen von unnötigem Müll, stetig steigender Arbeitslosigkeit, schlecht bezahlten und monotonen Arbeitsplätzen und allen daraus resultierenden Folgen wie steigende Kriminalität, Alkohol- und Drogenkonsum, zunehmende Kinderarmut, Vereinsamung und Entfremdung, psychosomatische Krankheiten, steigende Berufsunfähigkeitsraten, mangelnde Perspektiven und berufliche Aussichten und Zunahme von Empfängern sozialer Leistungen und hilfebedürftiger Personen. Wir schränken uns ein und sparen, scheinbar nur finanziell, doch die Einschränkungen und Einsparungen beherrschen schon längst unser gesamtes Denken und Handeln. Alle unsere Lebensbereiche sind davon betroffen und ziehen fleißig weitere Einschränkungen, Einsparungen und Beschneidungen nach sich, ganz gleich, ob es um Aus-, Fort- und Weiterbildung geht, Gesundheit, Familie, Forschung …

Billige Preise bewirken nicht nur die gewünschten billigen Produkte, sondern auch die Verbilligung unserer Arbeitsleistung und unseres Werteempfindens.

> Wenn wir nicht mehr zu unserem Wert stehen, dann haben wir schon an Selbstwertgefühl verloren.

Bei gleicher Produktion sinkt auch unser Bruttoinlandsprodukt in dem Maß, in dem der am Markt erzielbare Preis für unsere Produktion sinkt. Der Gesamtwert, den wir als Land produzieren, sinkt damit ebenfalls. So bleibt es unmöglich, dass unser Wert steigt, solange wir nur mit fallenden Preisen rechnen. Unser Verstand ist auf Einsparungen trainiert und fokussiert und hat kaum noch einen Gedanken frei, um in Alternativen zu denken, die unweigerlich zu *mehr* führen würden.

Selbstbewusst geizen wir über jedes Maß an gesundem Sparverhalten hinaus weiter. Obwohl selbst auferlegter Geiz bisher auch noch nie ein erstrebenswertes Ziel für uns war, hat Geiz an Wert sichtlich gewonnen. Unserem Gefühl wird es beim Anblick von Geiz nie wirklich gut gehen, ganz gleich, wie sehr unser Verstand inzwischen schon glaubt, dass Geiz doch noch »geil« sein könnte, nur weil es uns aus Werbezwecken zugerufen wurde.

Geiz ist der gelebte Ausdruck der eigenen mangelnden Anerkennung und Wertschätzung. Ein Satz wie »Das kann ich mir nicht leisten« sagt: »Das bin ich nicht wert.« Wir sehen es nicht gern, wenn jemand an sich spart. Auch wollen wir nicht an uns sparen und schon gar nicht, dass an uns gespart wird. Oder glauben Sie, Ihre Freude verdoppelt sich, wenn Ihr Partner Sie fragt, ob Sie ihn heiraten wollen, und Ihnen einen Ring überreicht, den er – »Keine Sorge, mein Schatz« – ganz billig im Internet erhaschen konnte? Auch wenn es nicht gleich ums Heiraten geht: Wir fühlen uns nicht mehr geliebt oder geschätzt, nur weil es billiger wird oder weil wir billiger werden …

Was sehen Sie bildlich vor sich, wenn Sie sich einen geizigen Menschen vorstellen? Einen Menschen, der sich zufrieden mit sich und der Welt mit Leichtigkeit und Lebensfreude bewegt? Oder einen Menschen, der sich verkrampft, dessen Gesichtszüge sich in Falten legen und der in seinen Bewegungen eingeschränkt und begrenzt wirkt? Wie wollen Sie gesehen werden?

Sehr wahrscheinlich nehmen wir die Diskrepanz, die dies in uns auslöst, nicht wahr. Wir fühlen angesichts vorhandenem Geiz die Enge, Verkrampfung, Angst, Scham, den Minderwert und das damit verbundene Kleinsein. Doch nun setzt unser durch Dauerwerbung erfolgreich trainierter Verstand ein und versucht uns davon zu überzeugen, dass das auch noch toll sei.

Geiz beruht auf Angst. Er bezieht seine Motivation, geizig zu sein, aus der tiefen Angst, nicht ausreichend zu besitzen. Je größer die existenziellen Ängste sind, desto ausgeprägter wirkt sich bei den Menschen der Geiz aus. Und der Geiz selbst bedient unsere Ängste weiter. Umso stärker, je mehr wir uns bestätigt finden, dass es immer noch nicht reicht. Das ist eine Dynamik, die sich besonders verheerend für Menschen auswirkt, die bereits aus einer bestehenden Not heraus glauben, geizen zu müssen. Sie verhindern dadurch mehr Geld, einen freudvolleren Umgang damit und ein positiveres emotionales Empfinden.

Geiz hat nichts mit der Menge an vorhandenem Geld zu tun, sondern existiert losgelöst von der eigenen finanziellen Situation. So sind auch sehr reiche Menschen nicht von Geiz befreit. Sie leiden genauso – trotz ausreichendem Vermögen – bei jeder Ausgabe, ärgern sich über kleinste Reparaturen und die damit verbundenen Kosten und verkrampfen, wenn es ihnen »an den Geldbeutel geht«. Ohne die Freude und Zufriedenheit über die Reparatur oder den wiedererlangten Wert – und ohne die fühlbare Wertschätzung für den Menschen, mit der sie nicht nur gerne ihr Geld weitergeben, sondern sich selbst mit freuen würden.

Solange der Geiz noch in uns sitzt, sind wir nicht frei von den damit verbundenen Ängsten vor einem »weniger« oder davor, dass andere hinter dem eigenen Geld her seien, oder davor, dass all das Geld und Vermögen zwischen den Fingern zerrinnt, sobald man aufhört, es krampfhaft zusammenzuhalten. Gelebter Geiz spart uns Gefühle wie Vertrauen, Leichtigkeit, Freude, Zufriedenheit über all das, was wir durch gerne gegebenes Geld erlangen. Wir sparen uns Größe und Großzügigkeit.

Durch Einsparungen versprechen wir uns mehr Geld. Mehr Geld, von dem wir uns mehr Erfüllung und Glück erhoffen. Erfüllung und Glück, welche wir selbst auf dem Weg zu mehr Geld freiwillig und großzügig mit einsparen. Wir sind uns, unserem Geiz und unserer Gier zum Opfer gefallen. Unsere Sparsamkeit bringt am Ende nicht das versprochene und erhoffte Mehr. Wir sparen uns arm.

Wertorientiertes Handeln scheint sich nicht zu lohnen, weil es komplex ist, sich langfristig orientiert und gerade die kurzfristigen Gewinne, die günstige Preise versprechen, nicht realisieren kann. Doch so langsam zeichnet es sich ab: Das, was »billig« verspricht, wird nicht von »billig« erfüllt. »Billig« ist eine Verführung, die mit günstigen Preisen lockt, für sofortigen Genuss und spontane Befriedigung sorgt. Das klingt wie die Verlockung einer Affäre. Und tatsächlich gehen wir fremd, nämlich unseren eigenen Werten, und zwar all den Werten, die über den bloßen Preis hinausgehen. Aber wer weiß heutzutage schon, ob sich Treue noch auszahlt?

Wie steht es um Ihren Wert?

Das Leben ist zu lang, um ausschließlich kurzfristigen Verheißungen zu folgen. Und das Leben ist zu kurz, um es nicht spätestens ab jetzt in vollen Zügen anzunehmen und großzügig zu genießen.

Wegweiser

Geben Sie noch Verantwortung ab, indem Sie andere verantwortlich machen? Sind Sie sich Ihrer Macht und Ihres Einflusses bewusst?

Welche Bilder, Gedanken und Emotionen verbinden Sie mit Macht?

Nutzen Sie Ihren Einfluss, um mehr Geld und mehr Glück zu erlangen?

Woran sparen Sie, womit Sie direkt an Lebensqualität, Genuss und Freude einsparen?

Wie empfinden Sie »Geiz« – bei sich und bei anderen?

Wo sind Sie selbst noch knauserig?

Wann und wobei sind Sie gerne großzügig?

Üben Sie sich noch in mangelbewusster Sparsamkeit oder geben Sie schon vertrauensvoll Ihr Bestes?

Wie fühlen Sie sich, wenn Sie großzügig sind?

Der Wert des Preises

Welchen Wert hat eigentlich der Preis? Während Preise bis vor wenigen Jahren keine übergeordnete Rolle spielten, haben sie sichtlich an Wert gewonnen. Stolz werden Preise dick und leuchtend hervorgehoben, so dass sie ins Auge fallen, noch bevor man überhaupt weiß, worum es geht. Die Werte hinter den Preisen rücken in den Hintergrund, während es immer mehr darum geht, den Preis anzupreisen. Wie wertvoll sind für Sie billige Preise?

Der Preis als solcher wird am Markt durch Angebot und Nachfrage bestimmt. Eine steigende Nachfrage nach einem Produkt kann bewirken, dass höhere Preise verlangt und bezahlt werden. Ist die Nachfrage dagegen gering, lassen sich oft nur geringere Preise mit der Ware oder Leistung erzielen. Das exakt gleiche Haus würde in München mehr als das Doppelte kosten als in meinem Heimatdorf, in Hainstadt. Der Wert des Hauses, nämlich, dass man darin wohnen kann, wäre in beiden Fällen exakt der gleiche. Die höhere Nachfrage in München führt allerdings dazu, dass dort ein höherer Preis realisiert wird. Der Preis ist damit nicht der Wert. Er ist lediglich der symbolische Ausdruck dafür. Er zeigt, welchen Wert wir einer Sache oder Leistung beimessen.

Es gibt auch nicht den einzig richtigen Preis für einen Wert. Preise variieren mit der Veränderung von Angebot und Nachfrage. Und diese wiederum unterliegen einem ständigen Wandel und werden beeinflusst von vielen Faktoren, wie unserem aktuellen Nutzen, der Mode, unserer Einstellung, dem Zeitgeist, der Entwicklung, dem Fortschritt, Innovationen usw. Damit sind wir auf der Jagd nach dem günstigsten Preis immer der Unsicherheit ausgesetzt, ob wir nicht doch zu viel gezahlt haben. Der von Ihnen bezahlte Preis kann, wenn die Nachfrage nach dem Produkt sinkt oder durch Innovation bessere Produkte auf den Markt kommen, höher sein, als es an einem anderen Ort oder zu einer anderen Zeit der Fall wäre. Doch ist es lohnend, für etwas, das Ihnen wirklich wichtig ist, auf niedrigere Preise zu warten?

Wir können uns nicht am Preis orientieren, da sich der Preis am Markt orientiert. Wir sind dann orientierungslos und verunsichert. Wir können nicht wissen, ob wir den richtigen Preis gezahlt haben, denn den gibt es nicht. Wir vergleichen auch nach dem Kauf noch die Preise, um Bestätigung zu erfahren, ob der Preis angemessen war, und ärgern uns, wenn wir scheinbar zu viel bezahlt haben. Was wir uns bei all dem in jedem Fall sparen, ist die Freude und der Genuss an unserer Errungenschaft und die Sicherheit, dass es uns das Geld wert war.

> Niedrige Preise stehen für einen geringen Wert.

Der Preis kann auch keine Kauf entscheidende Rolle spielen. Sie zahlen immer nur den Preis und damit die Menge an Geld, die Ihnen eine Investition wert ist. Insofern ist Ihre Wahl nie eine Frage des Preises, sondern immer eine Frage Ihrer Wertschätzung. Wenn der Preis für einen Wert sinkt, dann deshalb, weil unsere Wertschätzung für diesen Wert gesunken ist. Das bedeutet, dass all unsere Werte in Form von Produkten und Leistungen, deren Preise nun billiger sind, für uns an Wert verloren haben. Spätestens jetzt sollten wir mit unserer Freude über günstige Preise innehalten.

Die Preis-Wert-Frage gilt für jeden von uns, sowohl für Sie als Angestellter wie auch als Selbstständiger, als Unternehmer, als Verkäufer und auch als Käufer. Solange der Preis wirklich entscheidend ist, fehlt die Überzeugung für den damit verbundenen Wert. Wenn Ihr Arbeitgeber an Ihnen sparen will, dann nicht deshalb, weil Sie per se zu teuer sind, sondern weil er Ihren Wert noch nicht klar genug erkennt – und somit Ihre Gegenleistung als weniger Wert empfindet als den Preis, den er Ihnen dafür zahlt.

Wie wichtig ist für Sie der Preis bei einer Leistung, die Ihnen wichtig ist? All die Produkte, die Sie kaufen, nur weil sie billig sind, kaufen Sie offensichtlich nicht aus hundertprozentiger Überzeugung. Denn spätestens, wenn dieses billige Produkt teurer wäre, würden Sie es ja nicht mehr kaufen. Sie würden dann erst feststellen, dass es für Sie gar nicht diesen Wert hat. Vielleicht brauchen Sie dieses Produkt gar nicht dringend, vielleicht auch überhaupt nicht, und kaufen es, weil Sie es eventuell einmal brauchen könnten … Wie überzeugt sind Sie dann von all den Produkten, die Sie nicht aus Begeisterung erwerben, sondern nur wegen des geringen Preises?

Versetzen Sie sich einmal in die Situation, dass Sie sich ein begehrtes Produkt kaufen wollen, und verhandeln Sie nun den Preis. Dafür suchen Sie akribisch Mängelchen, reden das Produkt künstlich schlecht und diskutieren den Wert so lange erfolgreich weg, bis Ihnen der Verkäufer ein paar Prozent nachlässt. Wahrscheinlich sind Sie stolz auf Ihr Verhandlungsergebnis, aber hat das begehrte Produkt für Sie nun fühlbar mehr Wert?

In meiner Kindheit war die Anschaffung eines neuen Sofas eine sehr gut überlegte Investition. Heute sind die billigen Angebote so verlockend, dass man nicht mehr über Langfristigkeit nachdenkt. Wenn es nicht mehr gefällt, kauft man sich günstig einfach ein neues Sofa. Nach 20 Jahren hat man dann für viel Geld das vierte billige Sofa, welches auf dem Sperrmüll zu entsorgen ist. Dagegen hätte ein zeitloses klassisches Markenstück, das man sich mit etwas mehr Geduld und Wertbewusstsein hätte kaufen können, über all die Jahre noch an Wert gewonnen.

Unsere Konsumgesellschaft zeichnet sich dadurch aus, dass sie möglichst viel konsumieren möchte und dies möglichst billig. Das macht nicht nur den Konsum, sondern auch unsere Art zu leben schnelllebig und billig. Unachtsam. Wir investieren in geringwertige Dinge, die ihren Wert in kürzester Zeit verlieren, anstatt in Werte zu investieren, die an Wert gewinnen.

Wie wertvoll sind für Sie niedrige Preise?

Würden Sie Ihren besten Freunden Wein vom Discounter mitbringen? Wenn nein, dann weil es doch irgendwie peinlich ist, wenn der andere weiß, dass er Ihnen nicht mehr als gerade mal 2,49 Euro wert ist. Und sei die Qualität noch so gut, rote Rosen können Sie dafür sicher nicht bei einem Besuch erwarten. Verschenken würden wir den billigen Wein also nicht so gerne. Es ist nur die Frage, warum uns selbst der Geschmack von »billig« gut genug ist.

In unserem Leben ist nichts umsonst. Wir leben am Leben vorbei, wenn wir es umsonst oder nur sparsam leben wollen. Dafür ist unser Leben zu wertvoll.

Wegweiser

Welchen Einfluss haben billige Preise auf Ihre Kaufentscheidung?

Sind Sie vom Wert günstigster Produkte und Leistungen überzeugt?

Inwieweit bereichern die Dinge Ihr Leben, die Sie nur wegen des günstigen Preises gekauft haben?

Wie sehr orientieren Sie sich an sich selbst und an Ihren wahren Bedürfnissen?

Welche Glaubenssätze und Überzeugungen liegen Ihrem Preisempfinden zugrunde?

Welche »Werte« berühren Ihr Herz und machen Sie reicher und glücklicher?

Wie wichtig ist für Sie der Preis bei den Dingen, die Sie wirklich erfüllen?

Was ist Ihnen wertvoll und wichtig?

Wer spart, verliert

Der Preis des Wertes

Jede Geldinvestition ist eine Wertinvestition. Wenn Sie mit Geld bezahlen, dann erhalten Sie im Austausch einen Wert. Die Menge an Geld, die wir für diesen Wert zu zahlen bereit sind, zeigt sich im Preis. Der Wert hat also seinen Preis. Wenn Werte einen hohen Wert für uns haben, dürften sie zu Recht auch höhere Preise verdienen. Der Preis, den wir zu zahlen bereit sind, ist das Resultat unseres Wertempfindens.

Somit unterliegen Werte unserer subjektiven Bewertung. Für Sie wäre vielleicht ein Lesestuhl für 2000 Euro eine Investition fürs Leben. Ein Millionär dagegen würde ihn sich nicht einmal anschauen – zu billig. Oder er würde ihm keinen besonderen Stellenwert beimessen, während Sie ihren bewusst oft und stets voller Stolz genießen. Der subjektive Wert ergibt sich also immer auch aus dem Stellenwert, den Sie selbst dieser Sache beimessen. Falls Sie generell keinen gesteigerten Wert auf eine Massage legen, dann steigt Ihr Wertempfinden dafür wahrscheinlich abrupt, wenn Sie sich unangenehm verspannt und verkrampft fühlen. Ein selbst gebasteltes Geschenk Ihres Kindes mag für Sie einen so hohen ideellen Wert darstellen, dass Sie es nur für einen sehr hohen Preis verkaufen würden. Für jeden anderen ist es dagegen nahezu wertlos und würde somit nur einen entsprechend geringen Preis realisieren. Raritäten steigen im Preis, sodass selbst billigste Plastikfiguren aus Kinderüberra-schungseiern von vor 30 Jahren inzwischen enormen Sammlerwert genießen. Der reine Materialwert beträgt ein paar Cent. Wertgegenstände, die für uns einen hohen Wert repräsentieren, haben ein paar Breitengrade weiter even-tuell kaum noch eine Bedeutung. Ein Designer- oder Antikmöbelstück, für das man bei uns einen hohen Preis erzielen könnte, würde in vielen Regionen der Welt als wertlos erachtet. Im besten Falle würde es den eigentlichen Nutzen des Möbelstücks erfüllen – Design oder Antiquität hin oder her. Solange man Hunger leidet, würde man wahr-scheinlich einer Kiste Bananen mehr Wert beimessen.

Vor einiger Zeit habe ich im Internet einen Edelsteinring ersteigert, der mich begeisterte. Der angebliche Wert war mit über 200 Euro angegeben, den Zuschlag bekam ich für 8 Euro. Mehr ist er mir nun auch nicht wert; wenn ich ihn verlieren würde, wäre es kein großer Verlust. Auch dadurch, dass er für seinen letzten Besitzer keinen Wert mehr hat, wird er für mich nicht wertvoller. Es ist ohnehin die Frage, warum jemand einen solchen Ring für so wenig Geld ver-steigert, ohne wenigstens einen Mindestpreis zu verlangen. Vielleicht wurde der Ring jemandem gestohlen, für den er eine ganz besondere Bedeutung hatte? Der Gedanke, mögli-cherweise gestohlene Ware zu tragen, hat bisher bei mir ver-hindert, den Ring zu tragen. Insofern hat er für mich gar keinen Wert. Er war zwar billig, aber ich hätte ihn mir auch ganz sparen können. Ich warte wieder gerne, bis ich mir ein wirklich bereicherndes Einkaufserlebnis leisten kann.

Bestimmt haben auch Sie schon einmal auf etwas ganz Be-sonderes hingespart. Dann erinnern Sie sich sicher an das Gefühl, das Sie hatten, als Sie es »sich leisten konnten«. Es war für Ihre Verhältnisse nicht billig und es war *deshalb* et-was ganz besonders Wertvolles. Die erste Hi-Fi-Anlage oder das erste Auto, ein ganz besonderes Bild, ein schöner Ring … – all die Dinge, die Sie sich lange und nach reifer Überlegung ausgewählt haben, haben alleine dadurch einen höheren Stellenwert in Ihrem Leben. Sehr wahrscheinlich einen wesentlich höheren Wert als all die Dinge, die sie gekauft haben, weil sie gerade im Angebot waren.

Wie gestalten Sie Ihr Leben? Kaufen Sie bewusst und gezielt nur die Dinge, an denen Sie sich erfreuen? Oder kaufen Sie wahllos Dinge, weil der Preis verlockend günstig erscheint? Schauen Sie sich einfach mal ganz in Ruhe in Ihrem eigenen kleinen Reich um: Achten Sie gezielt darauf, welche Dinge Sie wirklich schätzen.

> »Der Wert« ist immer davon abhängig, welchen Stellenwert wir etwas beimessen.

Welche Gefühle lösen all die Dinge aus, die Sie wegen des geringen Preises gekauft haben? Was zählt für Sie zu dem Besonderen in Ihrem Leben? Worauf sind Sie so stolz, dass Sie vor Freunden selbst ins Schwärmen geraten? Was erfüllt Sie mit Glück, Freude und Liebe? Was hat welchen Stellenwert?

Vielleicht ist Ihr Auto für Sie sehr viel wert, so dass Sie gerne in ein Auto investieren. Vielleicht sehen Sie es auch nur als ein Fortbewegungsmittel, das möglichst günstig sein sollte. Es kommt darauf an, was für Sie sinnvoll ist und für Sie einen hohen Wert verkörpert – und dadurch Ihr Leben bereichert und Sie fühlbar glücklicher macht.

Für etwas, das Ihnen wirklich wichtig ist, sind Sie wahrscheinlich auch bereit, mehr Geld zu zahlen, etwas länger zu warten, gezielt darauf hinzusparen oder auch extra dazuzuverdienen.

Sobald wir vom Sinn und Wert einer Investition überzeugt sind, investieren wir gerne. Wir können uns nicht alles sofort leisten. Und das ist auch gut so, denn dadurch werden wir in unserer eigenen Wertschätzung getestet. Wie wichtig ist Ihnen der Wert, den Sie haben möchten? Lohnt es sich, darauf hinzusparen und bereits die Vorfreude zu genießen? Lohnt es sich, darüber nachzudenken, mit welchem zusätzlichen Einsatz Sie sich diesen Wert leisten könnten? Oder denken Sie darüber schon gar nicht mehr nach, weil es Ihnen *das* gar nicht wert ist?

Sicher können Sie sich nicht alles und sofort leisten und alles teurer kaufen. Doch genauso sicher brauchen Sie nicht wahllos an allem zu sparen. Sie können Schritt für Schritt lernen, so zu handeln, dass es Ihrem Wertebewusstsein entspricht. Damit genießen Sie mit jeder Ausgabe viel mehr Freude, als es Sie an Geld kostet. Auch können Sie sich selbst stets darin herausfordern, Ihre Kreativität zu erwecken und Ideen zu entwickeln, von denen Sie einige mutig umsetzen. Sie können einen Kreativnachmittag gestalten mit all den Menschen in Ihrem Umfeld, die ebenfalls MEHR realisieren wollen, anstatt in gewohnter Sparsamkeit auf wertvollere Lebensqualität zu verzichten.

Es geht nicht darum, unnötig teuer oder über das Maß Ihrer eigenen Überzeugung teurer einzukaufen. Dies tun viele Menschen zumeist unbewusst, weil Sie sich von Dingen oder Statussymbolen mehr Anerkennung durch andere Menschen versprechen. Werden Sie sich derlei Abhängigkeiten bewusst und befreien Sie sich davon. Sparen Sie einfach ab sofort das Geld, dass Sie bisher für diese Scheinanerkennung zu investieren bereit waren. Sie haben dadurch sofort mehr Geld für sich selbst übrig und für das, was Sie glücklich macht.

Investieren Sie noch wertvolles Geld, um anderen Menschen zu imponieren? Oder imponieren Sie anderen Menschen, weil Sie genauso sind, wie Sie sind?

Auch der Wert Ihrer eigenen Leistung ist davon abhängig, welchen Wert Sie sich selbst beimessen. Denn nur in dem Maße sind Sie auch in der Lage, Ihren Wert und einen höheren Preis zu vertreten und darin nachhaltig zu überzeugen. Der Wert Ihrer Arbeitsleistung steigt durch den »Reichtum« den Sie leben. Wenn Sie ausgeglichen und glücklich sind, geben Sie mit Leichtigkeit Ihr Bestes. Sie können aus sich selbst die meisten Werte in Ihrem Leben schaffen. Sie sind der größte Wert, den Sie haben. Sich selbst weiterzuentwickeln, um ein Vielfaches daraus neu entstehen zu lassen, ist etwas sehr Wertvolles. Doch Weiterbildung und Entwicklung sind im Vergleich zu den billigen Produkten auch teuer. Kurse zu günstigen Kinoberieselungspreisen zu bevorzugen, um nicht so viel Geld zu verlieren, zeigt die geringe Wertschätzung und die eigene Angst davor, in sich selbst zu investieren. Der Blick, wie man aus der Investition gezielt ein Vielfaches gewinnen kann – und dafür genügt eine kleine Idee oder ein neuer Impuls, den wir gezielt weiterverfolgen –, bleibt dann verschlossen. Sind Sie eine Investition wert?

Was hat welchen Stellenwert in Ihrem Leben?

Projekte, von denen wir zutiefst überzeugt sind, können wir immer auf die Beine stellen oder die nötige Unterstützung dafür finden. Insofern scheitern sie nicht am Geld, sondern an einem Mangel an Vertrauen, Begeisterung, Mut, Wertschätzung oder Liebe. Bei einem Projekt, das scheinbar am Preis scheitert, haben Sie immer noch zwei Möglichkeiten: weg mit der Idee oder her mit einem neuen Weg!

Erst wenn wir unsere Investitionen aus Überzeugung leisten und ihnen einen hohen Stellenwert geben, sind wir damit achtsam genug, um daraus einen Mehrwert zu beziehen und die Chancen und Ideen zu erkennen, die sich für uns daraus ergeben. Durch höhere Preise wird es nicht schwieriger, ein Vielfaches für sich selbst aus dieser Investition zu machen. Es wird leichter und Gewinn bringender. Denn höhere Preise verlangen uns eine höhere Beachtung und Überzeugung ab. Sie verlangen unsere Wertschätzung – erst dann geben wir unser Geld, erhalten den Wert und wissen ihn auch zu schätzen. Somit steigt selbst bei scheinbar gleichem Wert der wahrgenommene Wert aufgrund des höheren Preises.

Es ist Ihre Entscheidung, für welche Werte Sie gerne Ihr wertvolles Geld geben, so dass Sie daraus mehr Sinn und Erfüllung beziehen. Sie selbst verleihen Ihrem Leben Wert. Es ist Ihre Preis-Wert-Frage.

Wegweiser

Sind Sie sich des persönlichen Preises bewusst, den Sie zahlen, während Sie sparsam in günstigere Werte investieren?

Welche teuren Fehlkäufe haben Sie gemacht und was können Sie aus diesen lernen?

Investieren Sie noch wertvolles Geld, um anderen Menschen zu imponieren?

In welche Menschen, Produkte und Leistungen investieren Sie gerne?

Wofür ist Ihnen Ihr Geld zu schade?

Welche Ideen haben Sie, um sich das zu leisten, was Sie wirklich haben wollen und noch nicht sofort kaufen können?

Was in Ihrem Leben haben Sie sich viel kosten lassen und sind heute noch stolz darauf?

Wann haben Sie das letzte mal auf etwas hingespart, dass Sie sich schon lange gewünscht haben?

Ihr Preis ist heiß

Geld zeigt unsere Anerkennung und Wertschätzung. Preise »herunterzuhandeln« ist Ausdruck unserer mangelnden Wertschätzung. Als Preisfeilscher zeigen Sie sich nicht von Ihrer liebenswerten großzügigen Seite, sondern kleinlich und knickrig. Den Preis für eine Sache gerne zu zahlen ist dagegen Ausdruck Ihrer Anerkennung: des Preises, des Wertes und des Menschen, der seine Zeit mit diesem Wert verbringt und einen für ihn angemessenen Preis dafür im Gegenzug verlangt.

Sie können immer nur so viel Anerkennung geben, wie Sie selbst zu empfinden in der Lage sind. Das bedeutet auch, dass die Anerkennung, die Sie anderen zeigen, immer Ausdruck Ihrer eigenen Anerkennung, Akzeptanz und Achtung sich selbst gegenüber ist. Geld zeigt das Maß an Anerkennung, das Sie sich selbst zugestehen, und ist Ausdruck Ihres eigenen Selbstwertempfindens. Ihr Wertgefühl steigt nicht, wenn Sie »billig« und damit geringschätzend denken und sich auf Einsparungen konzentrieren. Es steigt erst, wenn Sie Ihren Wert erkennen, fühlen und zeigen. Auch Ihr Selbstwertgefühl wächst dadurch, dass Sie sich nicht mehr in sich selbst beschränken, sondern sich ausdehnen und ihr einzigartiges Potenzial entfalten. Dann steigt die Menge an Geld in Ihrem Leben in dem Maße, in dem Ihr fühlbarer Selbstwert steigt.

Solange Sie selbst in der Kategorie »möglichst billig« denken und leben, ist es schwierig, für sich selbst und die eigenen Leistungen einen hohen Preis zu erzielen. Das Unterbewusstsein schließt von sich auf andere und so sind Sie sich selbst der beste Beweis dafür, dass kaum noch jemand bereit ist, für menschliche Leistung Geld zu investieren und sich daran zu erfreuen. Indem Sie an anderen sparen, gehen Sie davon aus, dass auch an Ihnen gespart wird.

Als ausgeprägter Sparfuchs leben Sie damit in Ihrer Angst, bewusst oder unbewusst, dass alle anderen ebenfalls eines wollen: sparen, auch an Ihnen und Ihrer Leistung. Allein Ihre Angst davor, dass Ihr Arbeitgeber oder Ihr Kunde finanzielle Vergünstigungen von Ihnen erwartet, wird dann genau dazu führen. Auf Preisverhandlungen lassen Sie sich schnell ein oder sind innerlich darauf vorbereitet und versuchen, durch den Preis attraktiver zu werden. Sobald Sie jedoch über den Preis verhandeln, haben Sie schon verloren. Denn Sie haben Ihr Gegenüber noch nicht hundertprozentig von sich und Ihrer Leistung überzeugt und begeistert. Der Preis kann daran nichts ändern.

Überzeugt und begeistert sind andere von Ihnen und Ihrer Leistung vor allem dann, wenn Sie Ihren Wert klar vermitteln. Und das hat am wenigsten mit dem Preis zu tun, sondern ausschließlich mit Ihnen: mit Ihrem Denken, Ihrer Ausstrahlung, Haltung und dem, was Sie verkörpern und vermitteln.

Wie preisorientiert denken Sie, während Sie versuchen andere von sich und Ihrem Angebot zu überzeugen? Neigen Sie schnell zu Nachlässen? Oder konzentrieren Sie sich zielgerichtet auf den Wert Ihrer Leistung und darauf, Ihr Gegenüber zu begeistern? So, dass Ihr Gegenüber gar nicht anders kann, als Ihr Angebot anzunehmen – weil es überzeugend wertvoller ist, als das einzusparende Geld. Sie können nur das erfolgreich am Markt verkaufen, wovon Sie selbst überzeugt sind. Das ist es, was erfolgreiche Menschen auszeichnet: die Selbstsicherheit und das Selbstwertgefühl, womit sie ihre Arbeitsleistung verkaufen.

Wie steht es mit Ihrem Selbstbewusstsein? Wie selbstsicher verkaufen Sie Ihre Arbeitsleistung? Wenn Sie sich rundum wohlfühlen und sich selbst gefallen, dann strahlen Sie Souveränität aus. Das hat auch auf Ihre Umgebung eine positive Wirkung.

> Ihr Preisempfinden spiegelt Ihr Selbstwertempfinden.

Bestimmt legen auch Sie zu Anlässen, die für Sie eine besondere Bedeutung haben, mehr Wert auf sich und Ihr Äußeres, so dass Sie sich auch ganz »besonders« fühlen. Stellen Sie sich dagegen vor, dass Sie mit billiger Kleidung und Ausstattung bei einem wichtigen Termin Ihre Leistung als besonders wertvoll und teuer verkaufen wollen. Wie fühlen Sie sich, während Sie billig ausgestattet Ihr Gegenüber davon zu überzeugen versuchen, dass Ihre Leistung einen hohen Wert hat und einen hohen Preis verdient?

In jedem Falle würde es Ihnen sicher leichter fallen und es Ihr Gegenüber Ihnen auch leichter abkaufen, wenn Sie selbst bereits Ihr Wertempfinden stimmig lebten und angemessen auftreten. Erst dann können Sie sich vollständig auf das Gespräch und Ihr Gegenüber konzentrieren, ohne sich innerlich unablässig selbst davon überzeugen zu müssen, dass der von Ihnen verlangte hohe Preis auch die verdiente Anerkennung findet. Dabei geht es nicht um vortäuschen von Statussymbolen oder überteuerten Dingen, mit denen man mehr erscheinen will, als man ist. Im Gegenteil: Es geht um Ihre Authentizität. Menschen, die authentisch sind und vor Lebendigkeit und Tatendrang sprühen, sind für jeden Gewinn bringend. Und Menschen, die mitdenken, kreativ sind, Lösungen liefern und anderen einen echten Mehrwert schaffen, sind begehrt und wertvoll.

Ein weiterer Effekt des Preisdenkens ist, dass Sie sich immer mehr an Preisen und Kosten orientieren. In Bezug auf Ihr Einkommen werden Sie dann geringere Einnahmen schneller akzeptieren, wenn Sie schon innerlich darauf eingestellt sind, dass Ihnen auch ein geringeres Einkommen ausreicht. Viele Menschen setzen sich erst gar nicht mehr mit dem einzigartigen Wert auseinander, den die Summe aller Kenntnisse, Fähigkeiten, Erfahrungen, persönlicher Qualitäten und Talente für sie selbst hat. Sie konzentrieren sich darauf, ein höheres Gehalt zu erzielen, als sie zur Deckung ihrer Kosten brauchen. Ihren Wert kennen Sie selbst nicht und können ihn auch nicht souverän und überzeugend verkaufen. Nur, wie sollte Ihr Arbeitgeber dann Ihren wahren Wert kennen?

Behalten Sie immer Ihren gesamten Geldfluss im Auge, sowohl die Kosten als auch die Einnahmen. Seien Sie wachsam mit Ihrer inneren Einstellung und unbewussten Erwartung: Sind Sie doch noch auf Einschränkungen konzentriert? Oder erwarten Sie stabiles Wachstum und einen regen Geldfluss?

Jede Sekunde, in der Sie sich weiteren Einsparmöglichkeiten widmen, können Sie nicht darüber nachdenken, wie Sie konkret zusätzlichen Mehrwert und Gewinn schaffen können. Dabei verhelfen unendlich viele Ideen zu mehr Wert und Lebensgenuss. Was würde Ihnen Ihre Arbeit erleichtern? Wie geht das leichter, was bisher scheinbar nur schwer möglich ist? Was bräuchten Sie konkret, um mehr Freude bei Ihrer Arbeit zu empfinden? Wie können Sie sich selbst mehr Freude bereiten? Oft sind es kleinste Veränderungen, die Großes bewirken: ein paar Minuten in Ruhe mit sich selbst, eine feste kleine Auszeit in der Woche, eine klare Regelung mit Kollegen im Arbeitsumfeld, ein konkret in den Terminkalender eingeplantes Hobby, eine schöne Perspektive für das Wochenende.

Wenn Sie sich wünschen, dass »es« leichter gehen soll, dann denken Sie nicht, dass »es« schwer geht, sondern, dass es leichter sein darf. Notieren Sie sich stets die Fragen, die Sie Ihrem Ziel näherbringen: Wie geht es leichter? Wenn Sie 20 Antworten dazu aufgeschrieben haben, dann haben Sie mit Sicherheit einiges auf diesem Blatt stehen, womit Sie selbst sofort Ihr Leben erleichtern. Tun Sie es? Oder beschweren Sie Ihr Leben noch selbst, indem Sie sich darüber beschweren und selbst darin bestätigen, dass es eben schwer ist.

Ein größerer Mehrwert erfordert natürlich eine größere Veränderung. Er erfordert unsere innere Größe, groß zu denken. Was fällt Ihnen ein, wenn Sie einmal alle Ängste und Beschränkungen loslassen: Wie kommen Sie zu neuen Kunden? Wie argumentieren Sie für eine Gehaltserhöhung? Wie kommen Sie zu Ihrem Traumjob? Was wollen sie wirklich erreichen? Und was können Sie selbst verstärkt dafür tun?

Ihr Preis hat herzlich wenig mit den Preisen anderer scheinbar vergleichbarer Anbieter zu tun. Allein deshalb, weil Sie ein ganz anderer Mensch sind. Mit wem würden Sie bei gleicher Qualifikation lieber zusammenarbeiten und Geschäfte machen wollen: mit einem Menschen, der aufrichtig freundlich und zuvorkommend ist, der Freude vermittelt und mit seinem Lachen ansteckt, der seine Arbeit liebt und mit Leichtigkeit vollen Einsatz zeigt? Oder mit einem Miesepeter, der schlecht gelaunt ist, ständig jammert und klagt und verängstigt um seinen Arbeitsplatz oder die Auftragslage bangt? Das, was Sie sind, vorleben und ausstrahlen, entscheidet auch über den Erfolg, den Sie in Ihrem Leben realisieren.

Wenn Sie gute Laune versprühen, während Ihr Konkurrent lamentiert oder seine Kunden mit gelassener Gleichgültigkeit behandelt, dann ist das doch ein Unterschied: bei Ihnen bekommt der Kunde – gleich welche Leistung er bezieht – zusätzlich Kontakt zu guter Laune, während er sich für das gleiche Geld beim Mitbewerber vor schlechter Laune schützen muss oder sich im schlimmsten Falle davon anstecken lässt. Wenn Sie Ruhe und Zuversicht ausstrahlen, dann bekommt Ihr Kunde dies unweigerlich zu spüren. Wenn der Kunde Stress und Unruhe erlebt, während er Ihre Leistung erwirbt, dann beeinflusst ihn auch dies.

Wo sich nun der Kunde hingezogen fühlt und wo er lieber einkauft bleibt ihm überlassen. Welches Umfeld wollen Sie erzeugen? Wie können Sie Ihre Leistung mit bester Energie geben? Hinter welchen Preisen können Sie gut stehen? Und welche Kunden möchten Sie haben? Jeder Preis löst eine Resonanz aus und zieht unterschiedliche Menschen und Kunden an. Seien Sie wach und achtsam, welche Kunden Sie wirklich haben wollen.

Es gibt keinen objektiv richtigen oder falschen Preis, kein »zu teuer« oder »zu billig«. Jeder Preis hat seine Wirkung und seine eigene Anziehung für unterschiedliche Menschen. So legen beispielsweise qualitätsorientierte Menschen keinen gesteigerten Wert auf billige Preise, sondern vor allem auf überzeugend gute Qualität und ein schönes Gesamtambiente. Genauso unterliegt ein geäußertes »zu teuer« dem subjektiven Empfinden und dem Wertbewusstsein desjenigen, der diese Aussage trifft. Menschen, die im Mangel denken und leben, empfinden schneller ein »zu teuer« als Menschen, die schon in jeder Beziehung mehr Wertbewusstsein für sich entwickelt haben; oder Menschen, die wertvolle Dinge schätzen und gerne »teuer« kaufen. Menschen, die Ihre Leistung sofort und gerne anerkennen, geben nicht nur ihre Wertschätzung in Form von Geld, sondern zeigen unweigerlich auch mehr Wertschätzung, indem sie das gerne tun. Jemand, der dagegen schon Ihren Preis kritisiert, tut sich leicht mit Kritik. Wie leicht er sich mit aufrichtiger Anerkennung tut, bleibt abzuwarten.

Jede Äußerung über Ihren Preis hat nicht nur mit Ihnen und Ihrem Preis zu tun, sondern in erster Linie mit dem Menschen, der sich äußert. Deshalb brauchen Sie sich scheinbar negative Äußerungen zu Ihrem Preis weniger zu Herzen nehmen, als Sie das bisher vielleicht getan haben.

Falls jemand Ihren Preis infrage stellt, dann betrachten Sie dies einfach als kleinen Test, ein Preis-Check-up, und stellen Sie sich der Frage: »Ist mein Preis zu teuer?« Vielleicht ist Ihr Preis ja tatsächlich zu teuer. Nicht weil er real zu teuer wäre, sondern weil Sie selbst ihn im tiefsten Innern noch als zu teuer empfinden oder anzweifeln. Dann ist es ein Gewinn, sich darüber klar zu werden und entweder eine Preisanpassung vorzunehmen oder den Wert Ihrer Leistung herauszufeilen und das eigene Selbstwertbewusstsein zu steigern. Vielleicht kommen Sie auch zu dem Schluss, dass der Preis einfach passt – auch wenn er für einen Menschen zu teuer erscheint oder dieser sich den Preis für Ihre Gegenleistung nicht leisten will oder kann. Es kann sogar sein, dass Sie Ihren eigenen Preis selbst als »zu niedrig« empfinden. Dann sind Sie nicht zufrieden mit Ihrem Preis und mit sich selbst und erleben unnötige Unzufriedenheit.

Indem Sie sich ehrlich der Preisfrage stellen, gewinnen Sie Klarheit und Sicherheit zu Ihrem eigenen Preis. Und dies bekommt auch Ihr Tauschpartner zu spüren: Je überzeugter Sie selbst von Ihrem Preis sind, umso schneller ist auch Ihr Tauschpartner davon überzeugt!

Solange Sie sich angesichts Ihres Preises unwohl fühlen, ist das ein klarer Hinweis dafür, dass Ihr Preis für Sie selbst noch nicht stimmig ist. Viele Menschen verkaufen sich »sicherheitshalber« unter Wert, zum Beispiel aus Angst, bei einem höheren Preis weniger Geschäft zu machen. Doch der Preis ist hoch: Sie verzichten auf höhere Einnahmen durch höhere Preise, der Kunde spürt die Unsicherheit und fühlt sich selbst nicht optimal aufgehoben und kauft eher weniger als mehr. Und sie handeln gegen sich selbst gerichtet und vermehren ungute Gefühle, Unzufriedenheit, Stress, Druck und Mehrarbeit.

Stellen Sie sich selbstbewusst Ihrer Preisfrage! Ihr Preis ist heiß. Ein zu niedriger Preis, der Sie nicht mit Freude erfüllt, hat die gleiche fatale Nebenwirkung, wie ein zu hoher Preis, den Sie selbst noch gar nicht innerlich vertreten können: Sie lassen sich gute Geschäfte, Geld und Freude entgehen.

Dass Ihre Preise für Sie fühlbar stimmig sind, ist entscheidend. Dies beschert Ihnen stets mehr Erfolg – emotional wie finanziell. Ihre Wohlfühlpreise werden Sie immer wieder gerne vertreten und Ihre Freude daran haben. Sie geben dann das Beste von sich. Und das bekommen alle anderen auch zu spüren. Sie verkaufen souveräner, freudvoller und erfolgreicher MEHR.

Wie viel sind Sie sich wert?

Sie haben im Leben immer die ideale Ausgangsbasis für all das, was Sie noch haben und erleben möchten. Sie haben den Beruf, den Sie haben, weil Sie das so entschieden haben. Sie können sich darin weiterentwickeln oder auch neu orientieren. Sie können auch nichts falsch machen, denn all Ihre Erfahrungen waren wichtig und wertvoll, denn sie haben Sie zu dem Menschen gemacht, der Sie heute sind. Das ist der größte Erfolgsfaktor, den Sie haben. Wenn Sie das zur Entfaltung bringen, was in Ihnen liegt, sind Sie bereits erfolgreich. Und Sie können damit auch finanziell erfolgreich sein, unabhängig davon, wie Ihr Leben bisher verlaufen ist. Es liegt vor Ihnen. Hadernde Zweifel wie »Schaffe ich das oder schaffe ich das doch nicht?« bringen Sie keinen Schritt vorwärts. »Wie schaffe ich es?«, lautet die Leitfrage, die Sie auf Ihrem Weg begleitet und Sie Ihrem Ziel näherbringt.

Unabhängig von schulischer oder beruflicher Ausbildung genießen wir alle die wichtigste Ausbildung für unsere Zukunft: die Ausbildung des Lebens! Durch unseren individuellen einzigartigen Lebensweg werden wir täglich geschult. Jeder Mensch erhält sein persönliches Lernprogramm, entwickelt sich mit jeder Herausforderung weiter und gewinnt an Wert.

> Sie verlieren an Mangel, in dem Maße, in dem Sie an Wertschätzung gewinnen.

Viele Frauen fürchten nach einer Kinderpause weniger Wert zu sein in der Wirtschaft.

Entsprechend schlecht verkaufen sie sich mit dieser Einstellung. Sie übersehen, dass sie während dieser Zeit umfassend geschult wurden in nachhaltigem Denken und Handeln, Multi-Tasking-Fähigkeit, Flexibilität, Notfallmanagement, Empathie, Konsequenz, Klarheit, Überblick in jedem Chaos, Organisation, Zuverlässigkeit, Belastbarkeit, Vertrauen, Liebe …

Den eigenen Preis zu finden und zu verlangen erfordert die Aufmerksamkeit, sich selbst zuzuhören und den Mut und Einsatz, sich selbst und andere davon zu überzeugen. Und wenn wir richtig überzeugt sind: uns und andere davon zu begeistern!

Ganz gleich, wo Sie stehen, Sie haben immer die Möglichkeit, mehr daraus zu machen, anstatt weniger in Kauf zu nehmen. Sie sind einzigartig. Indem Sie selbst Werte schätzen und anderen den ihnen gebührenden Wert gerne honorieren, ist es für Sie ebenso das Selbstverständlichste, Ihre Qualität und Leistung als das zu verkaufen, was sie ist: wertvoll! Und wertvolle Dinge haben ihren Preis. Das Schöne daran ist: Das weiß jeder!

Wegweiser

Kennen und verlangen Sie IHREN Preis?

Wie überzeugt sind Sie von sich selbst? ... von Ihrem Wert? ... von Ihrem Preis?

Sind Sie mehr Wert, als das, was Sie an Honorar oder Gehalt kosten?

Glauben Sie, dass noch mehr Potenzial und Wert in Ihnen liegt?

Womit sind Sie noch unzufrieden und wie können Sie das verbessern?

Was tun Sie täglich, um Ihren Selbstwert zu stärken?

Was können Sie zusätzlich tun, um mehr Wertschätzung zu erleben?

Was zeichnet Sie als Mensch aus?

Was macht Sie besonders wertvoll?

Werte in Beziehung

Jeder Wert ist von unserer Bewertung abhängig, also davon, wie wichtig und sinnvoll er für uns ist. Um unser Leben werthaltig zu gestalten, ist es erforderlich, dass wir wissen, was für uns wertvoll ist, unser Herz und unsere Seele bereichert. Was ist Ihnen wirklich wichtig in Ihrem Leben? Was erfüllt Sie mit Freude und beschert Ihnen inneres Glück? In welche Menschen, Produkte und Leistungen investieren Sie gerne, und wofür ist Ihnen Ihr Geld zu schade? Wenn Sie in Ihrem eigenen Sinne wertbewusst handeln wollen, brauchen Sie zunächst das Bewusstsein für Ihre eigenen Werte, deren Prioritäten und Klarheit darüber, was Sie persönlich erfüllt.

Dabei können Werte auch in Konkurrenz zueinander stehen. Solche bestehenden Widersprüche müssen erst einmal in Einklang gebracht werden. Auch sind wir oft von Glaubenssätzen überzeugt, die uns das Leben unserer Werte alles andere als erleichtern. Entspannt Geld zu verdienen existiert nicht als Glaubenssatz. Dagegen wissen die meisten Menschen, dass man für sein Geld viel tun und viel Zeit investieren muss. Unter dem Wert »Geld« leidet dann zum Beispiel unser Wert »freie Zeit« für Familie, Freunde, Hobbys, Sport, Erholung. Wenn Umweltbewusstsein einen hohen Wert für einen Menschen darstellt und er mit reich sein nur Luxus und materielle Verschwendung verbindet, dann widerspricht dies seinem ökologischen Gewissen. Solange wir einen solchen Zwiespalt in uns tragen, verhindern wir unbewusst größeren Erfolg und unseren möglichen Reichtum. Es ist deshalb wesentlich, die eigenen Werte zu kennen, zu definieren und sie in sinnvolle Beziehung zueinander zu bringen.

Wenn wir uns von unserem bisherigen Denkschema lösen, können wir unseren eigenen Reichtum frei definieren. Mit diesem eigenen Bild von uns selbst kann auch unser Geld in viel höherem Maße zu ethischen und ökologisch gesunden Projekten und nachhaltiger Entwicklung beitragen. Dadurch wird dieser Reichtum erstrebenswert. Und leichter erreichbar, denn es gibt keine Kraft mehr, die ihm entgegenwirkt. Jedes ersehnte Ziel, das in uns freudvolle Gedanken, Gefühle und Bilder hervorruft, ist mit Leichtigkeit und Lebensfreude verbunden.

Wenn Sie Ihr Leben rundum reicher genießen wollen, ist es wesentlich, dass Sie sich mit den Inhalten Ihrer Lebenswerte beschäftigen. Denn im Großen und Ganzen haben wir in vielen Fällen die gleichen Werte, aber interpretieren unterschiedlich, was sie für uns verkörpern. Was bedeutet zum Beispiel für Sie Reichtum?

> Wertbewusstes Handeln setzt ein klares Bild
> unserer eigenen Werte voraus.

Schönheit ist für die meisten Menschen ein sehr bedeutender Wert. Doch während die einen darunter das Annähern an ein Schönheitsideal verstehen, liegt für andere wahre Schönheit in der Eigenheit und Einzigartigkeit einer Person. Da kann ein Muttermal am Mund zum Schönheitsfleck werden und eine überdimensionierte Nase durchaus das Charisma fördern.

Auch *Respekt* ist ein wichtiger Wert, dessen genaue Bedeutung unklar sein kann. Wenn beispielsweise ein Kind seinen Eltern widerspricht, wird das als respektlos empfunden. Wenn es dagegen sofort pariert, sind wir beeindruckt von dem scheinbaren Respekt, den es zeigt. Dabei handelt es sich häufiger um Angst als um Respekt. Welcher Arbeitnehmer bringt seinem Vorgesetzten denn mehr Respekt entgegen: Derjenige, der bei allem Respekt seinem Chef gegenüber stets klar seine eigene Meinung sagt? Oder derjenige, der jede Meinung seines Chefs respektiert, ihn darin unterstützt und damit scheinbar seinen Respekt zeigt? Der Übergang von Respekt zu Angst vor Ablehnung oder Bestrafung ist fließend. Falls Sie eine klare Definition von Respekt für sich haben, heißt das noch lange nicht, dass Ihr Chef das genauso sieht.

Gerechtigkeit wird als Wert von den meisten Bürgern geschätzt. Doch bereits das Konzept eines einheitlichen Steuersatzes stellt unseren Gerechtigkeitssinn auf den Prüfstand. Da wir mit unterschiedlichen Steuersätzen im Sinne scheinbarer Gerechtigkeit groß geworden sind, sind unterschiedliche Steuersätze für uns Ausdruck von Gerechtigkeit. Obwohl objektiv betrachtet gleiche Behandlung für alle wesentlich mehr Gerechtigkeit bedeutet als Ungleichbehandlung. Bei einem gleichen prozentualen Steuersatz ergibt sich Gerechtigkeit aufgrund mathematischer Logik, ohne jede staatliche Intervention von ganz alleine. Denn X Prozent von weniger Einkommen ergibt in der Summe eine geringere zu zahlende Steuer, als X Prozent von einem wesentlich höheren Einkommen. Was ist für Sie gerecht?

Ehrlichkeit ist ebenfalls bei den meisten Bürgern ein sehr hoch angesiedelter Wert. Doch wie ehrlich sind Sie zum Beispiel im Umgang mit Ihrer eigenen finanziellen Situation – sich und anderen gegenüber? Sprechen Sie klar, offen und ehrlich über Ihre Finanzen und Ihr Geld? »Über Geld spricht man nicht«, heißt es. Dementsprechend unangenehm ist es, über Geld zu reden. Man schweigt und genießt materiellen Reichtum, den man sich in Wahrheit gar nicht leisten kann, und redet eine marode finanzielle Situation schöner, als sie ist. Wenn es uns zu gut geht, verbergen wir das oder stellen die Situation ein wenig schlechter dar, denn wir wollen keinen Neid aufkommen lassen, niemanden vor den Kopf stoßen oder überheblich wirken. So üben sich wohlhabende Menschen in Bescheidenheit und spielen ihre Situation selbst herunter, während sich andere ihre Situation schlimmer reden, als sie ist, oder sie gerade schon wieder schön reden …

Im Spiegel des Geldes zeigt sich, wie schwer es uns fällt, ehrlich mit uns selbst zu sein. Wie können wir dann ehrlich zu anderen sein? Und wie viel Ehrlichkeit dürfen wir erwarten? Wie ehrlich sind wir wirklich, während wir Ehrlichkeit als Wert proklamieren, von anderen selbstverständlich erwarten und angesichts scheinbarer Unehrlichkeit schnell mit Enttäuschung reagieren?

> Leben Sie die Lebenswerte, die Sie glücklich machen?

In jeder Beziehung spielen Werte eine große Rolle. Achten Sie deshalb darauf, ob Ihre wichtigsten Werte mit den Vorstellungen Ihres Lebens- oder Geschäftspartners konform sind. Ansonsten sind Unstimmigkeiten vorprogrammiert. Mit Klarheit und konstruktiven Gesprächen vorab können Sie diese noch abwenden oder gegebenenfalls rechtzeitig eine Entscheidung treffen, die eine spätere Scheidung verhindert. Definieren Sie gemeinsam Ihre Werte und Ihre gemeinsamen Ziele. Werden Sie sich darüber klar, wie Sie gemeinsam wertvoll wachsen wollen.

Die Forderung nach gelebten Werten in Beziehungen, Partnerschaften, Unternehmen und in der Gesellschaft

Wer spart, verliert

bleibt eine leere Hülse, solange wir für uns selbst nicht in der Lage sind, die entsprechenden Werte zu leben.

Gewinnen Sie Ihre eigene Klarheit und definieren Sie die Werte, die Ihr Leben sinnvoll ergänzen, die es lebenswerter machen und Ihnen mehr Lebensgenuss bescheren. Leben Sie Ihre Werte! Und seien Sie mit anderen nicht strenger als mit sich selbst – Sie gewinnen dadurch noch wertvollere Beziehungen.

Wegweiser

Was ist Ihnen wirklich wichtig in Ihrem Leben?

Was erfüllt Sie mit Freude?

Welche Tugenden schätzen Sie bei sich und bei anderen?

Was erwarten Sie von anderen und von sich selbst?

Stimmen Ihre grundlegenden Wertvorstellungen mit denen Ihres Lebens- oder Geschäftspartners überein?

Welche Werte wollen Sie noch in Ihr Leben integrieren?

Welche Ideen und Werte wagen Sie noch nicht zu leben?

Was liegt Ihnen ganz im Stillen am Herzen?

Haben wollen

Wir glauben, unsere Wünsche haben keine Grenzen, so dass wir sie nie ganz befriedigen können. Wir leiden unter dem damit verbundenen Mangel in unserem Leben, und deshalb wollen wir »haben«, so viel wir nur haben können. Doch genau dadurch bestätigen wir unser Gefühl, noch nicht ausreichend zu besitzen und im Mangel zu leben. »Es ist eben nie genug«, denken wir dann.

Aber ist das wirklich so? Brauchen wir unbegrenzte Summen an Geld, um uns die Erfüllung all unserer Wünsche und daraus resultierender Folgewünsche erkaufen zu können? Für einen Menschen in akuter Geldnot oder in der Schuldenfalle mag dies zunächst so scheinen. Er wird sich zunächst sagen: »Wenn ich nur dies oder das hätte, wäre ich schon glücklich!« Sobald er allerdings »dies oder das« besitzt, stellt er fest, dass ihm doch noch einiges fehlt und er tatsächlich noch weitere Wünsche für ein erfülltes Leben hat. Wir wollen immer mehr, immer schneller – und fragen uns verzweifelt, wo das ganze Geld dafür herkommen soll.

Glauben Sie, dass Ihr Seelenfrieden, Ihr inneres Glück von der äußeren Erfüllung all Ihrer Wünsche abhängt?

Wenn wir als Mensch aus dem Gleichgewicht geraten, ist dies häufig der Grund für Unzufriedenheit. Aus dieser Unzufriedenheit erwachsen der Wunsch und die Illusion, das eigene Glück durch Besitztum zu steigern. Wenn ein Produkt nicht reicht, dann vielleicht viele. Unkontrolliert befriedigen wir mit Konsumzwängen unsere Angst, zu kurz zu kommen, zu wenig zu haben, zu wenig zu sein. Unser Unmut wächst, während wir unsere Gier fleißig weiter füttern. Mit wachsender Gier verlieren wir an Klarheit und Kontrolle über das, was wir wirklich brauchen und uns tatsächlich glücklich macht. Je gieriger wir sind, umso weiter sind wir von unserer inneren Zufriedenheit bereits entfernt.

Wissen Sie um die wahren Schätze in Ihrem Leben?

Anstatt an Glück und innerem Frieden zu gewinnen, wollen wir mehr – auch von den Dingen, die uns bisher auch nicht glücklicher gemacht haben. Und obwohl wir immer mehr haben, werden wir trotzdem unzufriedener. Mit wahllosem Konsumieren und Raffen von Dingen ziehen wir nicht zwangsläufig mehr Glück ins Leben. Haben Sie Einfluss auf Ihr Seelenglück? Oder sind Sie noch abhängig davon, mithalten zu können und mithalten zu müssen, abhängig von Dingen, Produkten, Statussymbolen – abhängig davon, zu »haben«?

Falls Sie glauben, eine größeres anerkanntes Auto fahren zu müssen, um mehr zu sein, kann es ganz gesund sein, dass Sie sich dieses noch nicht leisten können oder ganz bewusst nicht leisten. Denn Sie selbst geben sich damit ja das Gefühl, »zu wenig« zu sein, und schänden unnötig Ihren Selbstwert. Dagegen gewinnen Sie durch den Kauf dieses Autos nur die vorgetäuschte Anerkennung, die Sie mit dem größeren Auto bewirken. Diese hat mit der gewünschten Anerkennung für Sie als Mensch noch nichts gemeinsam. Wenn Sie als der Mensch anerkannt sind, der Sie sind, dann hat ein

Auto darauf keinen entscheidenden Einfluss. Sie können sich selbst erlösen von der Abhängigkeit, durch den Kauf von Dingen mehr zu sein, und von der Angst, ohne diese weniger Wert zu sein. Erkennen Sie sich selbst an? Nicht für das, was Sie tun, oder für alles, was Sie besitzen, sondern für den Menschen, der Sie sind? Mit wachsender Anerkennung, Zufriedenheit und fühlbarer Freiheit schrumpft Ihre ungesunde und unsinnige Gier, mehr haben zu müssen, von ganz alleine. Gönnen Sie sich das? Sie sind es wert!

Der Wert von materiellen Dingen ist nicht der, so viele wie möglich davon zu besitzen. Der Wert besteht auch nicht darin, gefühlte Leere, Sinnlosigkeit oder vorhandenen Frust wegzukaufen. Befreien Sie sich von ungesunder Gier und der zwanghaften Motivation, mehr haben zu müssen. Wenn Sie Klarheit darüber haben, was Ihr Herz zum Schwingen bringt, dann ergänzen die dazu passenden Produkte Ihr Leben auf sinnvolle Weise und erfüllen und bereichern Sie.

Wir können nur in dem Maße Erfüllung aus materiellen Dingen beziehen, in dem wir zu erfüllten Gefühlen in der Lage sind. Ein schönes Haus als solches macht Sie nicht zwangsläufig glücklicher. Erst dadurch, dass Sie sich aufrichtig daran erfreuen und sich darin wohlfühlen können, werden Sie diese Gefühle auch in Verbindung mit dem Haus erleben. Wir füllen also die Materie, die uns umgibt, mit unserem Leben. Materieller Besitz als solcher ist unlebendig und kann uns nicht mit lebendigen Gefühlen bereichern. Materie vermag uns allenfalls mit dem in Kontakt zu bringen, was sie ist. Dies kann in Form von Geld oder Besitztum sehr kalt, starr und leblos sein. So fühlen sich viele Menschen trotz materiellem Überfluss nicht überglücklich und reich. Wenn Ihnen der Kontakt zu Ihrem eigenen inneren Reichtum und Ihrem freudvollen Erleben daran fehlt, dann bleibt nur die Leere der Materie.

Reichtum, der Sie berührt, glücklich stimmt und wirklich bereichert, haben Sie dann, wenn Sie sich auch reich fühlen. Erst wenn Sie sich bereits im Lebensgenuss befinden, können Sie alles, was Sie haben, ausgiebig und genussvoll erleben. Dann kann zusätzliches »Haben« auch mehr Leichtigkeit, Lebensgenuss, Erfüllung und all das in Ihr Leben bringen, was Sie sich wünschen – weil Sie selbst all diese glücklichen Gefühle leben. Spätestens dann stellen Sie fest, dass Sie viel weniger brauchen, als Sie schon haben.

> Reich sind Sie, wenn Sie das in Ihrem Leben haben, was Ihr Herz berührt!

Es ist wahrscheinlich, dass Sie nicht alles haben müssen, was Sie dachten, um ein glückliches Leben zu haben und glücklich zu sein. Sie dürfen sich selbst befreien von der scheinbaren Abhängigkeit, dass Ihr Leben durch mehr »Haben« genussvoller wird. Sie erleben immer nur die Fülle an Gefühlen, die Sie bereits in sich zum Leben erweckt haben. Wenn Sie aufhören, mit materieller Befriedigung innere Leere, Frustration und Resignation zu verdrängen, stellen Sie fest, wie weit Ihr Geld tatsächlich reicht. Je mehr wir »haben wollen«, umso mehr nehmen wir uns den Genuss, bewusst zu leben, denn es zählt dann nur das Ziel. All die Zeit auf dem Weg zu unseren Zielen verbringen wir gestresst, angestrengt, ängstlich, bangend, hoffend … unerfüllt. Das Leben schenkt uns stets nur einen Moment, der sich lohnt zu leben. Dieser Moment ist immer »nur« jetzt.

Erfüllung erreichen wir nicht erst, indem wir all das, was wir haben wollen, schneller, leichter, bequemer oder besser »haben«. Sondern schon dann, wenn wir bewusst achtsamer, dankbarer, einfacher und leichter leben und unser Leben genießen. Dann sind wir erfüllt.

Reich sind Sie nicht erst dann, wenn Sie alles haben, was Sie haben wollen. Sie sind bereits dann reich, wenn Sie das in Ihrem Leben haben, was Ihr Herz erfüllt. Und dadurch, dass Sie alles, was Sie haben, aufrichtig schätzen.

Wegweiser

Was glauben Sie noch haben zu müssen?

Von welchen Dingen und Anerkennungen sind Sie abhängig?

Wovon versprechen Sie sich noch mehr Glück in Ihrem Leben?

Ist Ihr Seelenfrieden und inneres Glück von der äußeren Erfüllung all Ihrer Wünsche abhängig?

Was macht Sie wirklich glücklich?

Genießen Sie die gleiche Anerkennung, wenn Sie weniger haben?

Wie sehen Sie sich selbst, wenn Sie sich vorstellen, wesentlich weniger oder wesentlich mehr zu haben?

Scheinwerte

Um unser Äußeres sind wir sehr bemüht. Bereitwillig geben wir in Mengen unser Geld aus, um jung und schön auszusehen. Wir unterstreichen nicht unsere einzigartige Schönheit, indem wir stolz unseren wahren Wert zeigen, denn dafür mangelt es an Selbstbewusstsein und an der Bereitschaft, uns einfach so zu akzeptieren, wie wir sind. Mit viel Aufwand versuchen wir, unserem Schönheitsideal näherzukommen.

> Wir sind bereit, viel Geld zu zahlen, um schön und jung auszusehen.

Solange es uns schwerfällt, persönlich und privat voll und ganz zu uns selbst zu stehen, wird es schwierig, dieses Selbstbewusstsein in Unternehmen zu leben.

Da es uns bereits an Akzeptanz uns selbst gegenüber fehlt, mangelt es auch in zwischenmenschlichen Beziehungen an gegenseitiger Akzeptanz. Beziehungen zu Partnern »im Außen« erscheinen uns dann schwierig, zumal wir uns bereits schwer damit tun, mit uns selbst eine harmonische und anerkennende Beziehung zu leben. Was sich im Außen zeigt, ist der Spiegel unseres Selbst und damit das Resultat unseres Sein-Zustandes. Selbstakzeptanz und Selbstbewusstsein sind immer schwieriger zu erlangen, je mehr wir uns künstlich Maßstäbe auferlegen, die weit von unserer Natur entfernt sind. Selbstbewusstsein heißt, dass wir uns unserer selbst bewusst sein können. Es bleibt aber zu bezweifeln, ob wir in uns selbst bewusstes Sein gewinnen, während wir unser Bewusstsein auf Äußerlichkeiten lenken, die mit uns selbst nichts mehr zu tun haben. Durch unseren Fokus auf Äußerlichkeiten und dem Bestreben danach, etwas anderes zu verkörpern, als wir sind, werden wir uns unserer selbst immer weniger bewusst.

Wir streben nach Werten, die keine wahren Werte sind. Wir fühlen unseren Wert nicht in tiefstem Innern, sondern versuchen Werte schöner scheinen zu lassen.

So verlieren wir den Bezug zu unserem wahren Wert, blenden und lassen uns blenden. Unser Geld ist, seit es nicht mehr durch Edelmetalle gedeckt ist, schon längst nur noch ein Scheinwert.

Dagegen verkörpert das Alter durchaus auch einen Wert. Der Mensch wird mit jedem Tag reicher an Lebenserfahrung. Als Kind bewunderte ich ältere Menschen. Sie strahlten all die Gelassenheit, Ruhe und Lebensweisheit aus, die ich mir wünschte. Für mich waren sie ein Fels in der Brandung. Ich möchte nicht ewig jung sein und wünsche mir, mit Würde zu altern. Ich möchte ruhiger, gelassener, weiser werden dürfen und dabei an Ausstrahlung gewinnen. Ich will meine vom Leben gezeichneten Spuren schamlos respektieren und mich dafür schön fühlen, ohne mich selbst zu verachten dafür, dass ich mein Leben lebe. Und dafür, dass diese Tatsache auch an meinem Körper nicht spurlos vorübergeht.

Durch die Abwertung des Alters tragen wir zu einer neuen Dimension von Altersangst bei. Wir begrüßen die »Midlife-Crisis« Ende 20, denn ab Mitte 40 könnten wir schon zum alten Eisen gehören. Es ist ein seltsames Phänomen, dass wir zunehmend unter uns selbst leiden. Darunter, wer wir sind, wie wir sind und wie wir aussehen. Wir setzen gegen uns selbst gerichtete Maßstäbe und streben danach, jünger und schöner auszusehen – aller Natur zum Trotz. Dafür investieren wir unsere Zeit und unser Vermögen. Anstatt diese Zeit und dieses Vermögen zu genießen. Und einfach in Frieden mit uns selbst zu sein.

Während der Anteil der »all natural« unter den Menschen schwindet, werden die Stimmen nach »all natural« bei den Produkten größer. Wir wünschen uns von den Hühnern, deren Eier wir essen, mehr Natürlichkeit als von uns selbst. Wir regen uns auf, wenn Tiere artfremd gehalten werden, und entwickeln eine Artenfremdheit uns selbst gegenüber. Das, was wir haben und sind, ist zu selbstverständlich und langweilig, um es noch zu schätzen. Natürlichkeit hat an Wert verloren.

Gesundheit, Schönheit oder Reife sind uns von Natur aus geschenkt und wir dürfen das einfach »nur« annehmen, achten und genießen – wenn wir das können. Wir dürfen uns selbst auferlegter Anti-Werte, die in keiner Weise mit unserer Wurzel und Natur in Einklang zu bringen sind, wieder entledigen. Denn sie halten uns davon ab, unsere Individualität zu entfalten und unserem Leben mit Dankbarkeit und Demut zu begegnen. Wen lieben wir denn so sehr, dass wir uns all das antun, uns von uns selbst entfremden oder unter den gesellschaftlichen Zwängen leiden? Die Gesellschaft? Den eigenen Partner, von dem man glaubt, dass er sich insgeheim wünsche, man selbst sähe aus wie Angelina Jolie oder Brad Pitt?

> Sind Sie bereit sich einfach mehr zu schätzen und zu lieben, so wie Sie sind?

Wen also genau lieben Sie wirklich? Sie können sich kein schöneres Geschenk machen, als sich so zu lieben und zu schätzen, wie Sie sind. Und es kostet Sie nichts. Im Gegenteil: Sie leben Ihre Einzigartigkeit und bewahren sich wertvolles Geld. Sie können dann aufhören, das Glück irgendwo im Außen zu suchen, denn dort werden Sie es wahrscheinlich nicht finden – *Ihr* Glück.

Wegweiser

Was schätzen Sie an sich besonders?

Welche »Macken« machen Sie einzigartig?

Von welchen Scheinwerten lassen Sie sich noch blenden?

Von welchen Scheinwerten und gelebten Lieblosigkeiten wollen Sie sich erlösen?

Was ist für Sie schön?

Kennen Sie Ihren wahren Wert – genau so, wie Sie einfach sind?

Inwieweit und warum versuchen Sie noch, anders zu sein, als Sie sind?

Was lieben Sie an anderen Menschen?

Lieben Sie sich selbst so, wie Sie sind?

Was dürfen Sie noch an sich und anderen lieben lernen?

Wissen Sie die wahren Werte in Ihrem Leben zu schätzen und zu vermehren?

Schein oder Sein

Um unseren äußeren Schein sind wir sehr bemüht. Wir wollen schöner und größer scheinen, als wir sind, auch wenn der Schein trügt. Wichtiger als das Erleben unseres Lebens sind die Scheine und scheinbaren Beweise unseres Könnens und Schaffens. Leidenschaftlich sammeln wir jeden Schein, der unser Sein dokumentiert: Zeugnisse, Zertifikate, Urkunden, Auszeichnungen, Geld. Wir tun mehr als nötig, nur um »Schein« zu besitzen.

Zu unserem Gefühl haben wir den Bezug verloren. Lieber verlassen wir uns auf unseren Verstand. Und der glaubt, dass wir uns ohne den Schein wie ein Nichts fühlen würden. Den Schein gilt es um jeden Preis zu wahren, ganz gleich, wie viel Anstrengung, Zeit, Nerven und Geld uns das kostet und wie es hinter der Fassade wirklich aussieht. Doch die Fassade unseres Scheinlebens beginnt zu bröckeln. Schein zu erlangen und zu wahren wird immer schwieriger. Wir verlieren uns in dem unreflektierten Streben nach mehr äußerem Schein, weil wir glauben, dadurch mehr zu sein. Wir »tun« viel und handeln nicht mehr so, wie wir es aus unserem Mensch-Sein heraus tun würden. Wenn wir unserem Geld die höchste Priorität in unserem Leben geben, dann messen wir uns selbst als Mensch weniger Wert bei. Wer hat also den Mut, sich selbst wieder mehr Wert beizumessen?

Unser Sein ist es, aus dem all das hervorgeht, was in unserem Leben besteht. Uns selbst dürfen wir dankbar sein und mit Freude folgen. Es gibt nichts für Geld zu tun. Alles, was wir scheinbar nur für Geld tun, können wir für uns selbst tun und damit zu Geld gelangen. Das können wir aber nicht, solange wir zum Beispiel glauben, Geld nur mit harter Arbeit zu verdienen. Während wir uns selbst in diesem falschen Glauben mit selbst geschaffenem Stress und viel Tun bestätigen.

> Wir tun viel für unseren äußeren Schein.

Viele Menschen glauben bessere Menschen zu sein, wenn Geld scheinbar keine Rolle für sie spielt. Doch auch dieser Schein trügt. Sie kultivieren damit Ablehnung. Sie bringen sich selbst in Situationen, in denen Sie lernen dürfen, dass Geld doch eine Rolle spielt. Sie überlassen wertvollen Einfluss anderen Menschen. Und sie verzichten freiwillig auf Macht und Einfluss – und darauf, ihr eigenes Leben sowie das anderer Menschen noch mehr zu bereichern. Sie sind kein schlechterer Mensch, wenn Sie viel besitzen. Sie sind auch kein besserer Mensch, wenn Sie auf Geld und Besitz in Ihrem Leben verzichten. Sie sind der Mensch, der Sie sind. Falls Sie selbst sich bisher noch für einen besonders guten Menschen hielten, weil Geld Sie nicht interessierte, dann gibt es nun keinen guten Grund mehr, sich weiterhin in diesem Desinteresse zu üben und einen falschen Schein zu wahren. Seien Sie doch einfach genau der gute Mensch, der Sie sein wollen – mit dem Geld, das Sie haben, oder auch mit mehr.

Vielleicht sind Sie es sich selbst noch schuldig geblieben, mehr zu haben und Ihre wahre Größe zu leben, so dass Sie durch mehr Reichtum Ihr Leben sinnvoll erweitern und auch für andere eine noch größere Bereicherung sind.

Vielleicht leben Sie im Überfluss und dürfen lernen, völlig frei von negativen Gefühlen, wie der Angst vor Neid, Schuld- oder Schamgefühlen, Ihren Reichtum dankbar anzunehmen und aus ganzem Herzen zu genießen.

Indem wir Geld seinen ihm zustehenden Platz in unserem Leben gewähren, frei von Verachtung oder Überbewertung, gewinnen wir an Freiheit. Erst dann können wir auch finanzielle Freiheit als solche erleben und genießen. »Finanzielle Freiheit«, die bis zum Erreichen dieses Zustandes nur in Abhängigkeiten führt, führt zu Scheinfreiheit. Wie frei fühlen Sie sich? Jetzt. Heute.

Erst frei von Verachtung oder Überbewertung gewähren wir Geld den ihm zustehenden Platz in unserem Leben. Dann dürfen wir selbst an erster Stelle stehen, an zweiter Stelle folgt das Geld, und erst danach kommt der Besitz, den wir uns mit Geld kaufen können. Zwischenmenschliche Verbundenheit gewinnt damit unweigerlich an Stellenwert in unserem Leben. Und jeder Mensch gewinnt damit unweigerlich das Gefühl, reicher und wertvoller zu sein. Erst der Mensch, dann das Geld.

Menschliche Beziehungen einzusparen und zu vernachlässigen zugunsten von scheinbar mehr Geld ist die größte Täuschung, der wir in unserem eigenen Gelddenken unterlegen sind. Geld ist das Resultat aus gesunden Beziehungen und all dem, was daraus erwächst. Wenn wir den Wert Mensch wieder anerkennen und bereit sind, ihm seinen Wert zuzugestehen, dann werden wir nachhaltig wachsen und auch alle diese Wertschätzung im eigenen Geldbeutel spüren.

Wenn wir unser Leben aufrichtig lieben, dann sparen wir nicht jeden Cent menschliche Freude, sondern erfüllen uns das, was unseren Körper, unser Herz und unsere Seele nährt, aus reiner Liebe zu uns selbst … unser Lebensgenuss gewinnt an Wert. Spätestens dann dürfen wir erkennen, dass nicht das Geld verantwortlich ist für das eigene Lebensglück.

Anstatt unser Leben dem Geld und starrem Besitzstreben unterzuordnen, dürfen wir unser Leben genießen. Wir dürfen uns selbst und unserer Freude folgen und damit auch für andere eine größere Freude und Inspiration sein.

Wir sind nicht nur der »Erfolg«, den wir durch messbare materielle Zeichen vorgeben zu sein. Oder sind Sie der goldene Markenfüllfederhalter, der italienische Designeranzug oder der rote Sportwagen? Und wer sind Sie dann, wenn Sie genau das gar nicht besitzen? Wie sehr sind Sie noch bemüht »Schein« zu wahren?

Sie sind die Quelle, mit der Sie sich Ihren emotionalen wie materiellen Reichtum erschließen. Wer hat gesagt, dass das mit Anstrengung verbunden sei? Ist es für Sie anstrengend, das zu tun, was Sie gerne tun? Falls Ihre Vorstellung Sie davon abhält, daran zu glauben, erfolgreicher zu sein, indem Sie Ihr ganzes Potenzial frei entfalten und Freude dabei haben, dann hält nur Ihre eigene Vorstellung Sie davon ab.

> Wagen Sie es schon, Sie selbst zu sein?

Sie schmähen Ihren Wert, indem Sie darauf bedacht sind, sich äußerlich zu verschönern und mit Dingen zu umgeben, die den Schein von Reichtum und Fülle wahren. Dagegen erfordert es Mut, einfach sich selbst zu sein. Sich zu lösen von materiellen Besitzzwängen und der immer schneller werdenden Vergänglichkeit dieser gerade geschaffenen »Werte«. Seien Sie einfach sich selbst – sonst werden Sie es auch mit mehr Geld und auch mit weniger nicht sein. Sie berauben sich selbst Ihres größten Wertes, solange Sie sich nicht ganz annehmen und lieben. Wenn Sie es wagen, als der Mensch zu scheinen, der Sie sind, ist es leicht, Ihren Schein zu wahren.

Wegweiser

Haben Sie den Mut, »Schein« loszulassen?

Welchen Schein wollen Sie noch gewahrt wissen?

Wer sind Sie? Wie würden Sie sich selbst beschreiben?

Werden Sie von anderen so gesehen, wie Sie sind?

Was machen Sie gerne, was bereitet Ihnen Freude?

Wollen Sie Ihrem Leben mehr Wert beimessen?

Welche echte Qualität bringt Geld in Ihr Leben?

Haben Sie den Mut, noch mehr zu SEIN?

Schmerzvermeidung oder Lebensgenuss

Was sind nun echte, lebenswerte Werte? »Echte« Werte sind von besonderer ureigener Schönheit und bestechen durch ihre Einzigartigkeit und Ausstrahlung. Unsere Sehnsucht nach diesen Werten ist so groß, dass wir dafür gerne unser Geld geben. Doch genau genommen ist dafür kein Geld erforderlich. Das, was wir uns wirklich davon versprechen, ist mit Geld weder erreichbar noch käuflich.

Jedem von uns ist sein Leben, seine Einzigartigkeit und seine ureigene Schönheit geschenkt. Wir sind nicht alle gleich, und das macht diese Welt so bunt, abwechslungsreich und vielfältig. Uns ist ein langes Leben beschert, in dem wir ständig wachsen, lernen und reifen. Doch wir selbst setzen uns ständigen Vergleichen mit anderen aus und lehnen uns selbst ab für das, was nicht zu einem standardisierten Ideal passt.

Jung sein ist schön, alt sein ist weniger schön. Doch je älter wir werden, umso älter sehen wir aus. So altern wir leidvoll. Wir streben nach Befreiung von unserem Leiden und wir leiden sehr, unter uns und unserem Leben.

Vor allem leiden wir unter unseren uns selbst künstlich auferlegten Maßstäben, denen wir natürlicherweise nicht gerecht werden. So erleiden wir emotionale Schmerzen und fühlen größeren Mangel, da wir uns unserem Ideal immer weiter entfernen und uns minderwertig fühlen. Viele Menschen nehmen deshalb zunehmend echte Schmerzen in Kauf, indem sie Geld zahlen, um sich freiwillig unter das Messer zu legen ... um sich scheinbar zu verschönern oder zu verjüngen. Wir bleiben so alt, wie wir sind, und fühlen uns so schön, wie wir uns auch schön fühlen. An unserem echten Selbstbewusstsein und unserer Selbstakzeptanz wird sich durch einen Messerschnitt mehr nichts zwangsläufig mehren.

Das Schmerzhafte bei dem, was wir als negativ bewerten und schmerzlich empfinden, liegt lediglich in unserer Bewertung. Dabei trägt all das, was wir als negativ abwerten, auch zu unserem Wachstum und Lebensglück bei. Wir können nicht mit Haut und Haar intensiv genießen, während wir gleichzeitig darauf bedacht sind, alles uns negativ erscheinende zu vermeiden.

> Wenn wir unsere Abwertungen loslassen,
> leben wir im Genuss.

Es ist sinnvoll, dass wir nicht nur Sonnentage haben. Gerade an den nicht so sonnigen Tagen entsteht zwischen Menschen Begegnung, die Möglichkeit, sich in schweren Zeiten zu unterstützen, Trauer miteinander zu teilen, sich weiterzuentwickeln und zusammenzuwachsen. Erst dadurch, dass wir auch unglückliche Zeiten durchlebt haben, wissen wir unser Glück besonders zu schätzen. Das Leben spielt sich nicht nur auf einer Seite ab. »Schlimm« wird das erst dadurch, dass wir selbst diese Seite abwerten und einen Teil unseres Lebens als vermeidenswert ablehnen. Unserem Verstand erscheint ein Leben auf »Sparflamme« erstrebenswerter – keine Schmerzen, kein Risiko, keine Verluste. Dafür mehr Schmerzfreiheit, Bequemlichkeit und scheinbare Sicherheit. Wie weit wir in all den Momenten der gelebten

Schmerzvermeidung von fühlbarem Lebensgenuss entfernt sind, erschließt sich uns dabei wohl kaum. Diese Belohnung dürfen wir erst erfahren, wenn wir uns ganz auf unser Leben einlassen und es in all seiner Vielfalt, Natur und Ursprünglichkeit annehmen. Dann werden wir Stärkung aus unseren Schmerzen erfahren, Gewinne aus dem scheinbaren Verlust beziehen und Lebenserfüllung statt gelebter Bequemlichkeit erleben.

Das heißt nicht, dass der schmerzhaftere Weg der beste ist, sondern nur, dass selbst schmerzhafte Schritte zu unserem Besten sind und unserem Wachstum dienen.

Was ist für Sie lohnender: Krisen krampfhaft auszuhalten und auf Verbesserung zu hoffen oder sie anzunehmen und daran zu wachsen?

Im Leben können wir nur gewinnen. Wir werden immer wieder die Erfahrung machen, dass wir ungeahnte Kräfte freisetzen können, um jede sich bietende Situation zu meistern. Wir verweigern uns dem Leben, wenn wir uns den Herausforderungen des Lebens verweigern. Unsere Ängste, die der Grund für unsere Vermeidungshaltung sind, bleiben uns erhalten, solange wir ihnen nur ausweichen. Erst wenn wir unseren Ängsten begegnen, befreien wir uns davon und erschließen uns ungeahntes Potenzial. Das Leben besteht nicht aus Hürden, um an diesen zu scheitern, sondern damit wir daran wachsen und uns weiterentwickeln.

Unsere subjektiven Bewertungen bedingen, dass wir bestimmte Situationen vermeiden oder gar fürchten, anstatt sie mit Leichtigkeit und gerne anzunehmen. Alle unsere Werte obliegen unserer Wertung. Wir bewerten jede Situation, jede Gegebenheit, jeden Menschen, jedes Produkt, jede Leistung. Und jede Bewertung löst Emotionen in uns aus und nimmt Einfluss darauf, wie es uns dadurch geht. Werten Sie gerne ab oder lieber auf?

Gefühltes Leid entsteht nicht dadurch, dass Sie zum Beispiel nicht schön, jung oder reich genug sind. Der Schmerz entsteht erst dann, wenn Sie sich selbst oder Ihre Situation als »mangelhaft« abwerten und somit all das überbewerten, was Sie nicht haben oder nicht sind. Erst indem wir uns selbst als nicht schön, jung oder reich genug herabsetzen, verletzen wir uns selbst. Unsere eigene Abwertung macht uns unzufrieden, undankbar und unerfüllt. Es geht nicht darum, neue Werte zu entwickeln. Es geht darum, unsere eigene Überbewertung von unerreichbaren Idealen zu entwerten und unsere Neigung, ständig abzuwerten, loszulassen. Erst dann sind wir frei dafür, all das, was wir sind und haben, aufrichtig anzunehmen, zu schätzen, zu genießen und zu lieben.

> Sind Sie so frei, ohne Be- und Abwertung zu leben?

Es ist eine heilsame Entwicklung zu lernen, nicht zu werten. Das geschieht nicht über Nacht, sondern Stück für Stück immer genau dann, wenn wieder eine Bewertung ins Bewusstsein gelangt. Lernen Sie die eigenen allgegenwärtigen Abwertungen wahrzunehmen und loszulassen. Richten Sie Ihren Fokus auf das Wertvolle im Leben.

Sie haben die Wahl, losgelöst von unerreichbaren und nicht erstrebenswerten Maßstäben im Einklang mit sich selbst zu leben. Sie selbst erlösen sich von Leid und können dann Ihren wahren Wert begreifen, in jeder Faser Ihres Körpers spüren und selbstbewusst zur Entfaltung bringen. Das ist der erste Schritt, Ihr Leben anzunehmen und zu lieben, angefangen mit der wichtigsten Person in Ihrem Leben – mit Ihnen selbst.

Wegweiser

Welche Gedanken verursachen Ihnen Schmerzen?

Mit welchen anderen Gedanken können Sie Schmerzen lindern?

Wann und wodurch empfinden Sie noch Mangel?

Was bemängeln Sie noch an sich selbst und an Ihrem Leben?

Was bemängeln Sie gerne an anderen Menschen?

Wie oft ertappen Sie sich im Alltag dabei, jemanden oder etwas abzuwerten?

Welche Abwertung möchten Sie jetzt sofort loslassen?

Was können Sie jetzt sofort mehr schätzen: an sich, an Ihrem Leben wie auch an anderen Menschen?

Was würden Sie verändern, um bewusst etwas in Ihrem Leben zu verbessern?

Wie leicht können Sie das, was ist, einfach annehmen, so wie es ist?

Wodurch können Sie sofort mehr Lebensgenuss erleben?

Wofür sind Sie dankbar?

Gewinnreiche Verluste

Verluste sind, wie so vieles in unserem Leben, eine Frage des Standpunktes. Schon bei »Mensch ärgere Dich nicht« haben wir uns geärgert, zu verlieren, obwohl wir genau das nicht sollten. Wir haben nicht gelernt, uns mit den Gewinnern zu freuen oder darauf zu achten, was wir gewinnen, auch wenn wir verlieren. Wir haben nicht verstanden, dass wir alle einmal Gewinner sind und auch mal Zweiter, Dritter oder erst Vierter. Indem wir nur nach Zielen und Gewinnen streben und nicht den Moment als solchen genießen, verlieren wir den Genuss all dieser vielen Lebensmomente auf dem Weg zu unserem Ziel. Dann haben wir mehr verloren, als wir gewinnen können.

Wir dürfen uns über uns selbst freuen, wenn wir den Großmut haben, uns mit dem Gewinner zu freuen. Wir dürfen erfahren, dass wir dafür respektiert und geschätzt werden, und Größe beweisen, wenn wir gute Verlierer sein können. Wir bereiten uns damit schon darauf vor, in der eigenen Gewinnerposition ausgiebig zu genießen in der Gewissheit, dass es uns gegönnt ist und andere sich mit uns freuen.

Wir können im Leben nur dazugewinnen – auch wenn wir scheinbar verlieren. So machen uns auch unsere finanziellen Verluste immer ein Stück reicher. Wir bringen uns um den Gewinn dieser Lebenserfahrungen, solange wir uns nur auf unsere negativen Gefühle des Verlustes konzentrieren. Wenn wir das Leben als eine Schule begreifen, die jeden zu seinem Besten schulen will, dann bekommen vergangene Verluste eine neue Bedeutung.

Was ist Ihr Gewinn aus bisherigen Verlusten? In welcher Weise sind Sie durch Ihre Verluste gewachsen?

In finanzieller Hinsicht gibt es keinen Verlust. Es gibt nur Geld, das wir verloren geben. Bis dahin ist es allenfalls Lehrgeld, aus dessen Investition wir Wertvolles lernen können. Wir können versuchen, Verluste zu vermeiden, doch dann leben wir in der Vermeidung. Mit dieser Vermeidungshaltung leben wir nicht im Zugewinn und schon gar nicht in grenzenloser Lebensfreude. Je stärker wir innerlich auf die Vermeidung und auf das Bild von Verlust ausgerichtet sind, desto wahrscheinlicher ist es, dass Verluste trotz bzw. wegen der Vermeidung eintreten. Verlustangst endet in den Verlusten.

> Die Angst vor Verlusten nimmt uns die Freiheit, unser Leben jetzt ausgiebig zu genießen.

Dazu ein Beispiel aus meinem Leben: Im Sommer 1992 verbrachte ich drei Monate in Spanien, um in der Ferienzeit dort bei einer Familie in Deutsch Nachhilfe zu geben. Ich sparte in dieser Zeit alles, was ich konnte – für später. Am Rückreisetag wurde es mir ganz mulmig, mit so viel Geld zu reisen. Ich wusste nicht, wohin mit dem Geld, um es auf sicherem Wege nach Hause zu transportieren. Als ich es einstecken wollte, fiel mir ein Bericht aus einer Zeitung ein, in dem ich von der Ermordung eines Mädchens gelesen hatte – wegen des Geldes, das sie bei sich trug. Also verstaute ich das Geld, in der gewohnten Manie meines Vaters, in verschiedenen Täschchen und Medizinröhrchen und verteilte diese strategisch in meinem Rucksack. Und es kam, wie es kommen musste: Der Rucksack kam in Frankfurt nicht an.

Er tauchte ein paar Tage später auf – wertsachenfrei. Das Geld war weg. Dieser Verlust hat so richtig wehgetan. Mir Sparfuchs!

Nun kann man das als einmalige Geschichte verdrängen und abhaken nach dem Motto »Passiert jedem einmal«. Man hat auch die Möglichkeit, zu resignieren und zu versuchen, dem Geldsparen keinerlei Bedeutung mehr zu geben, oder auch wie bisher, nur noch strenger, zu sparen. Oder man kann daraus wertvolle Schlüsse für die Zukunft ziehen.

Ich habe für mich daraus gelernt, nie wieder an den kleinen Dingen zu sparen, die mir viel Freude schenken! Daran habe ich mich bis heute gehalten. Dies hat mir sehr viele zusätzliche schöne Momente des reinen Genusses beschert. Insofern hat dieser Verlust meinen Lebensgenuss für den Rest meines Lebens gesteigert.

Noch so einen gewinnreichen Verlust hatte ich am Ende meines Au-pair-Aufenthaltes in Amerika. Die Familie hatte an den Wochenenden einen zusätzlichen Babysitter. Leider war dieser, wie sich erst später herausstellte, kleptomanisch und schreckte auch vor der Bereicherung an meinen geringen Wertschätzen nicht zurück. Bis dahin sammelte ich leidenschaftlich Schmuck aus aller Welt, Uhren, verrückte Brillen, sogar bunte Socken. Ich war bestürzt, feststellen zu müssen, dass wertvolle Teile aus meiner Schmucksammlung fehlten. Meine ganze Sammlung schien mir wertlos und sie erinnerte mich immer an die fehlenden Stücke. Ich war voller Ärger!

Allerdings stellte ich mir auch die Frage, warum ich überhaupt so viele Dinge sammelte, die als solches ja noch nicht einmal einen Sammlerwert besaßen. Ich wusste es nicht. Es war einfach wichtig – wie Trophäen oder Beweise für mein Leben, meine Unternehmungen und die Plätze, die ich besucht hatte. Unbewusst fing ich an, mich mit der Frage zu beschäftigen, was mein Besitz für mich bedeutete. Seither lebe ich leichter. Mit weniger Besitz, der mir abhanden kommen kann, und mehr Bewusstsein für die Werte, die ich wirklich schätze.

Der Verlust war eine sehr abrupte Spontanheilung meiner Sammelmanie. Er hat mir seither viel Geld und Platz gespart, den mich der ganze Kram inzwischen kosten würde. Ich habe sehr viel Klarheit und ein neues Besitzdenken gewonnen.

Ich habe damals beschlossen, dass alles, was mir wichtig ist, in einen Koffer passt. Das war ein großer Gewinn an Freiheit und Klarheit über meine Werte. Wenn ich in zehn Minuten mein Haus für immer verlassen müsste, wüsste ich zu jeder Zeit ganz genau, was für mich den entsprechenden Wert hat und was ich wirklich mitnehmen würde. Daran hat sich im Laufe der Zeit vieles geändert. Mein Koffer mit den wirklich wichtigen Dingen schrumpft. Das ist gut so. Ich glaube, er schrumpft in dem Maße, in dem ich innere Freiheit und den Bezug zu meinem Wert gewinne.

Zwei Fragen haben mich bewegt: Wer bin ich? Was ist eigentlich mein Besitz? Dabei stellte ich fest, dass die Antworten sich überschnitten und ich mich mit meinem Besitz identifizierte. Danach habe ich für mich eine klare Trennung beschlossen: Ich bin ich. Und mein Besitz ist mein Besitz. Er ist niemals wesentlich dafür, wer ich bin. Seither kann ich alles, was ich besitze, dankbar genießen. Vor allem die innere Freiheit, zu jedem Zeitpunkt auch ohne meinen Besitz sein zu können, ohne dadurch selbst an Wert zu verlieren.

Es gibt Menschen, die angesichts meiner 1-Koffer-Idee das Grauen packt. Sie horten immer noch: Streichholzschächtelchen des ersten Diskobesuches, Bierdeckel eines trinkreichen Abends, Mützchen, Fähnchen, Eintrittskarten und, und, und … Alles Ballast, der uns keinen Reichtum mehr bescheren kann. In jeder Minute, in der wir an der Vergangenheit hängen, sind wir getrennt vom Jetzt. Wir können nicht gleichzeitig das Beste aus diesem Moment machen, während wir in der Vergangenheit verweilen und vergangenen Momenten nachhängen.

Ohnehin ist das Eintauchen in alte Zeiten wenig sinnvoll. Entweder empfinden wir diese Zeiten tatsächlich als »besser«, dann bringen wir uns aktiv in das Leid und in den traurigen Bewusstseinszustand, dass es uns jetzt »schlechter« geht. Oder die Zeiten waren noch nicht einmal besser als heute, dann macht es erst recht keinen Sinn, sich mit den Gefühlen von damals zu beschäftigen, anstatt dankbar das Jetzt zu genießen.

In dem Maße, in dem wir an altem Ballast festhalten, halten wir uns an alten Begrenzungen fest und begrenzen uns selbst. Wir begrenzen unseren Raum, unser Unterbewusstsein und unseren Lebensgenuss jetzt in dieser Minute. Vielleicht haben wir Angst, die Vergangenheit loszulassen, weil wir nicht wissen, was die Zukunft bringt. Vielleicht haben wir Angst, den Besitz loszulassen, weil wir uns ohne repräsentativen Besitz und damit verbundene Lebensbeweise nackt fühlen.

> Welchen Gewinn haben Sie durch Ihre Verluste?

Vielleicht fürchten wir uns vor der Frage, wie wertvoll wir uns ohne unseren Besitz noch fühlen. In dem Bedürfnis nach Besitz liegt unser Bedürfnis, geliebt und anerkannt zu werden. Unsere Besitzorientierung ist somit auch ein Ersatz für bis dahin unerfüllte essenzielle Bedürfnisse nach Liebe, Anerkennung, Geborgenheit und Zugehörigkeit.

Wir müssten uns eingestehen, dass wir keine Kontrolle über die Dinge in unserem Leben haben, die uns wirklich am Herzen liegen. Unser Leben findet außerhalb dieser Kontrolle statt – in dem Maße, in dem wir lieben und geliebt werden. Liebe zu schenken oder geschenkt zu bekommen können wir weder erzwingen noch durch Anstrengung erreichen. Doch so angestrengt, wie wir unser Leben gestalten, sind wir generell sehr bemüht – auch um mehr Geld und Besitz. Wir vernachlässigen dabei das, was unser Herz berührt und erfüllt.

Bildlich sehe ich nur noch einen sehr kleinen Koffer vor mir. Während ich diesen betrachte, fällt mir auf, dass ich mir diese fixe Idee ganz sparen kann. Das, was mir wichtig ist, ist mein Leben und all die Menschen, die ich liebe. Vielleicht liegt darin unsere größte Angst, zu erkennen, dass wir gar nicht besitzen können. Denn all das, was unser Herz und unsere Seele nährt, können wir nicht als Besitz haben – auch nicht mit Geld oder dem Kauf von Dingen.

»Haben« Sie genug Liebe in Ihrem Leben? Lieben Sie? Oder hält Ihre Angst vor möglichem Verlust Sie noch von MEHR zurück?

Wegweiser

Was ist Ihnen wirklich wichtig zu besitzen?

Welchen Ballast horten Sie aus reiner Gewohnheit?

Woran halten Sie fest, ohne dass Sie es noch brauchen?

Welche Dinge können Sie sofort weggeben, ohne dies als Verlust zu empfinden?

Welche Dinge, die Sie nicht mehr gebrauchen, wären für andere ein Gewinn?

Welche Verlustängste nehmen Sie noch bei sich wahr und wovon halten diese Sie ab?

Was »haben« Sie, das Sie niemals verlieren können?

Welche Erfahrungen und Erkenntnisse haben Sie aus Ihren Verlusten gewonnen?

Wem sind Sie mit Ihren dadurch gewonnenen Erfahrungen von Gewinn oder eine hilfreiche Unterstützung?

Wie wäre Ihr Leben, wenn Sie weniger Verlustangst hätten?

Der Verlust unserer Beziehung zu Geld

Wie gesund wäre für Sie eine Partnerschaft, in der sich alles nur noch um Ihren Partner dreht? Sicher wäre es keine Basis für eine ausgewogene gesunde Beziehung. Es wird zur Belastung, jemanden glücklich zu machen, der aus sich selbst heraus keine Erfüllung bezieht und schon selbst nicht mehr weiß, was ihn glücklich macht. So wird wahrscheinlich derjenige, um den sich alles dreht, die Beziehung verlassen.

In Bezug auf Geld machen wir häufig genau das: Wir kümmern und drehen uns nur noch um Geld – so lange, bis es weg ist. Geld trifft natürlich keine eigenen Entscheidungen. Doch uns ist nicht bewusst, dass Geld nur durch Menschen fließen kann und wir immer mit Menschen in Beziehung stehen, wenn es um das Thema Geld geht. Beim Thema Geld scheitern wir letztendlich an den gleichen Hürden wie in allen unseren zwischenmenschlichen Beziehungen.

Wir leben in größerer Distanz zu den Menschen, mit denen wir Geld tauschen. Auch kennen wir die meisten schon gar nicht mehr persönlich, und viele unserer Tauschpartner wohnen in anderen Ländern. Wir kaufen in immer anonymeren, riesigen Einkaufszentren ein, in denen wir uns verloren fühlen können. Stattdessen lässt uns unser Verstand daran glauben, dem Paradies auf Erden näherzukommen.

Einkaufen ist zum Raffen von Waren und Produkten verkümmert. Es hat mit Genuss, Begegnung und menschlichem Austausch, mit dem wir den Einkauf zu einem bewussten und schönen Erlebnis machen, immer weniger zu tun. Wir verlieren den Bezug zu unserem Geld und auch den Sinn, den es für uns erfüllt.

Diese Entwicklung wird durch den bargeldlosen Zahlungsverkehr unterstützt. Wir fassen unser Geld kaum noch an und haben auch kein Gefühl mehr dafür, was wir tatsächlich besitzen. Viele Menschen verlieren auf diese Weise den Überblick über ihre Finanzen oder vermeiden jegliche Auseinandersetzung damit. Das Gespür für das Verhältnis von Einnahmen und Ausgaben und für die Geschwindigkeit, mit der Geld zufließt und abfließt, geht dabei verloren.

> Der Verlust unserer Beziehung zu Geld spiegelt den Verlust unserer Beziehung zu uns selbst.

Das Bezahlen mit Plastikkarten erscheint uns bequem und sicher. Wir müssen keine Angst mehr haben, dass uns das Geld aus der Tasche geklaut wird. Aus Angst, etwas zu verlieren, wollen wir unser Geld stets an einem sicheren Ort bewahrt wissen. Unsere Angst bleibt uns gut konserviert erhalten, während wir den Bezug zu Geld wie auch zu uns selbst immer mehr verlieren.

Während ein Unternehmer im ersten finanziellen Engpass einen Kredit erst dann wieder von seiner Bank erwarten darf, wenn er ihn schon nicht mehr braucht, werden Kredite über jedes vernünftige Maß hinaus an Geringverdiener und Berufsanfänger gewährt und genauso verantwortungslos auch angenommen. Wachstums- und sinnorientierte Finanzierungen für Unternehmer zu erlangen wird immer schwieriger, während die Möglichkeiten wachsen, kurzlebige und geringwertige Waren auf Pump zu finanzieren.

Ich weiß nicht, ob ich mit 18 einen Kredit für mein erstes Auto bekommen hätte. Sicher wäre ich nie auf die Idee gekommen, ein Darlehen zu beanspruchen, und alle anderen Jugendlichen in meinem Alter auch nicht. Man leistete sich entweder das kleinste und älteste Auto, das man sich noch leisten konnte, oder musste sich mit den Eltern die Nutzung des Familienwagens teilen. Heute bietet man jungen Menschen, denen wir sehr fragwürdige Slogans in Bezug auf Geld vermitteln und von denen wir dennoch ein hohes Verantwortungsbewusstsein erwarten, leichtfertig das Finanzieren, Leasen, Mieten all der Produkte an, die sie scheinbar brauchen. In kleine monatliche Einzelraten aufgeteilt, wirkt das auf dem Papier auch noch verdaulich. Nur mit ein bisschen mehr Sparen bei den Einkäufen in den Großmärkten ist es dann nicht mehr getan. Die Verschuldung schleicht sich schon in jungen Jahren ein. Doch freiwillig verzichten will niemand in einer Welt, in der durch billige Preise alles sofort möglich und erreichbar scheint.

Bei Investitionen beteiligen wir uns mit unserem Geld an Unternehmen, die wir kaum kennen, von denen wir nicht wissen, wie und unter welchen Bedingungen sie produzieren und ob deren gelebte Philosophie mit unserer eigenen Ethik übereinstimmt. Ethik ist für uns kein maßgeblicher Faktor mehr, wenn es darum geht, unser eigenes schwer verdientes Geld zu mehren. Wir investieren, ohne eine Beziehung zu dieser Investition zu haben. Und wir tun dies ohne Bewusstsein darüber, an welcher Schraube wir mitdrehen.

Arbeitet Ihr Geld im Sinne Ihrer Wertvorstellungen? Von welchen Unternehmen, Produkten und Innovationen sind Sie überzeugt? Sind Sie mit Ihrem Geld schon an diesen Unternehmen beteiligt? Oder legen Sie Ihr Geld in

Fonds an, von denen Sie keines oder nur wenige der darin enthaltenen Unternehmen kennen? Welchen Bezug haben Sie zu Ihren Investitionen?

Viele Menschen kaufen auch Geldanlagen, die sie in keiner Weise verstehen. Doch anstatt sich selbst zu vertrauen und selbstbewusst abzulehnen, vertraut man wider eigenen Verständnisses dem Berater oder traut sich nicht »Nein« zu sagen oder gezielt so lange nachzufragen, bis alles rundum verstanden ist.

Es mangelt uns an Vertrauen in uns selbst, in unser gesundes Bauchgefühl und in die eigene finanzielle Intelligenz. Falls Ihnen eine Investition nicht zusagt oder Ihnen unverständlich erscheint, muss das nicht an Ihnen liegen. Und selbst wenn dies eine gute Anlage wäre: Solange Sie sie noch nicht einmal verstehen, werden Sie sich nie rundum wohl damit fühlen und echte Freude daran haben.

Unser Umgang mit Geld zeigt den Verlust unserer Beziehung zu Geld und den Werten, mit denen wir dadurch verbunden sind. Es ist sinnvoll, sich aktiv und bewusst mit Geld zu beschäftigen, Klarheit über die eigene Beziehung zu Geld zu gewinnen, überzeugte Investitionen zu tätigen und diese von Grund auf zu verstehen, wie auch beim Einkaufen möglichst viel bar zu bezahlen, um Geld wieder zu erfassen. Es ist wichtig, zu lernen, offen und ehrlich über Geld zu sprechen, und unsere Einstellungen, Absichten und Werte mit den Menschen zu teilen, die uns am Herzen liegen.

> Wie bewusst gehen Sie mit Ihrem Geld um?

Der Verlust unserer Beziehung zu Geld lässt sich nicht auf die Materie des Geldes beschränken. Er spiegelt den Verlust unserer Beziehung zu unseren Werten, zu anderen Menschen und letztendlich zu uns selbst.

Wegweiser

Haben Sie stets den Überblick über Ihre finanzielle Situation und die Höhe Ihrer Einnahmen und Ausgaben?

Wie oft nehmen Sie Geld bar in die Hand und wie oft zahlen Sie mit Karte? Welchen Unterschied erleben Sie dabei?

Wie bewusst übergeben Sie Ihr Geld, wenn Sie bezahlen?

Schauen Sie die Menschen dabei an?

Sprechen Sie offen und ehrlich mit den Ihnen nahestehenden Menschen über Geld und das, was Sie dabei bewegt?

Können Sie in finanziellen Dingen Erfahrungen und Wissen weitergeben oder andere Menschen in Ihrem Umfeld um entsprechende Unterstützung bitten?

Welche Beziehung haben Sie zu Ihren Investitionen?

Woran wären Sie gerne mit Ihrem Geld beteiligt – und stolz darauf?

Welche Investition würde Ihnen große Freude bereiten?

Wer spart, verliert

Geld ist Beziehung

Durch Geld sind wir mit Menschen in Beziehung. Geld ohne Beziehung gibt es nicht. Würden wir Geld nicht mehr als allgemein anerkanntes Tauschmittel akzeptieren, dann wäre es wertlos. Dann hätten Sie zwar Geld, ohne dadurch mit anderen Menschen in Beziehung zu sein, aber dieses Geld hätte keinen Wert mehr für Sie, gleich welche Summe an Scheinen Sie besitzen.

Durch Geld stehen wir mit vielen Menschen in Beziehung. Die Qualität dieser Beziehungen wird durch unsere eigene Beziehung zu Geld beeinflusst. Häufig projizieren wir ungelöste Beziehungsprobleme auf Geld, so dass Münzen, Scheine oder Kontostände scheinbar schuld sind an unseren Schwierigkeiten. Auf der unbewussten Ebene sind es unsere eigenen Gefühle und Gedanken, die darüber entscheiden, wie wir Geld erleben und ob wir es in unserem Leben anziehen und es ungezwungen genießen oder Geld nur spärlich in unserem Leben fließt.

Sie haben kein Geldproblem, denn »Geldprobleme« gibt es nicht. Geld als solches verursacht keine Schwierigkeiten in unserem Leben. Diese entstehen immer nur durch die Menschen, die mit dem Geld in Verbindung stehen. Geldprobleme sind immer Beziehungsprobleme. So sind all Ihre scheinbaren Geldschwierigkeiten Themen, die Sie auf der Beziehungsebene haben und die sich in Ihrer Beziehung zu

Geld offenbaren. Unsere Fähigkeit, mit Geld umzugehen, zeigt unsere Beziehungsfähigkeit.

Geld verhält sich wie ein Mensch und reagiert wie ein Mensch. Denn Geld kann nur durch Menschen fließen. Fließt Geld mit Leichtigkeit in all Ihren Beziehungen, dann zeigt das Ihre eigene unbeschwerte Leichtigkeit, die Sie in sich und in Beziehung zu anderen Menschen leben.

Viele Beziehungen, Freundschaften und Geschäftspartnerschaften gehen wegen kleinster Geldstreitereien in die Brüche. In dem Versuch, zum eigenen Vorteil den anderen herunterzuhandeln, verletzt man die gegenseitige Achtung. Das führt dazu, dass die Beziehung sich nicht weiterentwickelt oder langsam zerbricht. Daran zeigt sich der Wert einer Beziehung.

Wie stabil kann eine Beziehung sein, wenn Geld der Grund für eine Trennung ist? Würden Sie Ihren Freund oder Geschäftspartner im Stich lassen, weil er Ihnen 10 Euro nicht zurückzahlt? Wie sieht das aus bei 10 000 Euro? Wegen finanzieller Angelegenheiten die Beziehung aufzulösen zeigt nur, welch geringen Wert die Beziehung hat und wie wenig beiden Seiten an dem Erhalt der Beziehung und einer einvernehmlichen Lösung gelegen ist.

> Geld verhält sich wie ein Mensch –
> weil es nur durch Menschen fließt.

Auseinandersetzungen in Geldangelegenheiten werden häufig vermieden, um die Konfrontation mit dem damit verbundenen Menschen zu umgehen. Eine Beziehung, der Sie keine Konfliktgespräche zutrauen, ist nicht sehr stabil. Indem Sie sich mit Ihrem Partner auseinandersetzen, Klarheit schaffen, ihn in seiner Art kennen und begreifen lernen, wächst das gegenseitige Vertrauen zueinander. Geldkonflikte zeigen, ob sich die Beziehung bewährt. Durch eine Auseinandersetzung kann auch erkennbar werden, dass beide Seiten grundlegend andere Ziele, Ideen und Wertvorstellungen haben. Dann ist es wertvoll, dies rechtzeitig zu sehen und eine für beide Seiten akzeptable Vereinbarung zu treffen, so dass größere Enttäuschungen und Verluste in Zukunft verhindert werden.

Mit jeder Beziehung, die wir auflösen, verlieren wir nicht nur den Wert und die Freude an diesem Menschen, sondern auch das ganze Potenzial, welches eine gute Beziehung mit sich bringt. Wir verlieren Unterstützung, Förderung, Empfehlungen, Kooperationen, Kontakte, Ideen, Inspirationen. In einer intensiven Beziehung findet viel Austausch und Unterstützung statt. Die Qualität der Beziehung bestimmt die Fülle neuer Möglichkeiten und den tatsächlichen Mehrwert, der für beide Seiten daraus erwächst. Am Geld zeigt sich die Qualität und Intensität der Beziehung.

Verzichten Sie niemals auf Geld, das Ihnen zusteht, nur um eine Beziehung zu sichern. Geld *ist* Beziehung. Klären Sie die Beziehung, bis die finanzielle Vereinbarung für alle stimmig und motivierend ist, so dass gemeinsamer Erfolg daraus erwächst. Je mehr Sie von Beginn an für klare Beziehungsverhältnisse sorgen, umso freier wird das Geld in diesen Beziehungen und durch diese Beziehungen fließen. Dies gilt auch in Unternehmen. Mit welchem Austausch oder welcher finanziellen Aufteilung erreichen Sie das beste Ergebnis? Wie gelingt es, alle Beteiligten dazu zu bringen, in höchstem Maße engagiert Unternehmensziele zu erreichen, so dass für alle mehr dabei entsteht?

In vielen Verhandlungen wird scheinbar berechtigterweise gegeneinander verhandelt, da jeder nur seine eigenen Interessen verfolgt. Da wir überzeugt sind, nur zu gewinnen, wenn der andere verliert, sind wir in unserem Denken und unseren Möglichkeiten begrenzt. Wenn die Balance zwischen Geben und Nehmen in einer Beziehung nicht mehr stimmt, ist die Beziehung gefährdet. Übervorteilungen führen zu Frustrationen und Misstrauen und verhindern zukünftiges Wachstum.

Mit einem Perspektivenwechsel ist es möglich, so zu verhandeln, dass größere Ziele und Gewinne für alle Beteiligten erreicht werden. Wie können Sie gemeinsam beiderseitiges Wachstum steigern? In jeder Beziehung ist es wertvoll, auf einen stimmigen Austausch zu achten. Mit gewachsenem Vertrauen und Respekt in Beziehungen wächst auch die Wahrscheinlichkeit größerer Erfolge.

Wie leicht fließt Geld in Ihrem Leben?

Geld als Symbol für den Austausch in Beziehungen spiegelt Ihre Beziehung zu anderen Menschen und letztendlich Ihre Beziehung zu sich selbst. Ihre Beziehung zu anderen Menschen ist immer nur so gut wie Ihre eigene Beziehung zu sich. Alles, was Sie sind, fördert oder blockiert Ihre Beziehung zu anderen. Wenn Sie oft Ihre ehrliche Wertschätzung geben, so hat das eine förderliche Wirkung in der Beziehung. Ihr Gegenüber fühlt sich angenommen und geschätzt und schätzt Sie dafür. Wenn Sie dagegen sich selbst noch nicht ganz anerkennen, können Sie auch anderen Menschen nur bedingt Ihre Anerkennung zukommen lassen. Oder Sie sind geneigt, viel zu geben, um dadurch Anerkennung von Ihren Mitmenschen zu erhalten. Doch indem Sie geben, weil Sie etwas wollen, gerät der frei fließende Austausch ins Stocken. Auch sind Sie dann anfällig für Enttäuschungen, wenn Ihre unbewusste Erwartung nicht erfüllt wird. Das ist vorprogrammiert, wenn der andere gar nicht Ihre unbewusste Erwartungshaltung kennt und sie somit nicht erfüllen kann.

Die wirkliche Befriedigung Ihres Bedürfnisses erlangen Sie nicht durch andere, sondern indem Sie sich selbst Anerkennung und Selbstliebe zukommen lassen. Dann können Sie aus freien Stücken alles geben, was Sie wirklich gut und gerne geben können. Es ist zum Besten für alle, wenn jeder Mensch sich selbst ein bisschen mehr annimmt, anerkennt, umsorgt, sich in seinem Wert schätzt und sich selbst liebt. Zu einem gesunden Maß an Egoismus dürfen Sie also getrost zurückfinden. Egoist sein heißt wörtlich übersetzt völlig wertfrei: ichbezogen sein. Jenseits unserer gängigen Abwertung ist es ein Lebensrecht, ichbezogen zu sein. Denn ganz gleich, welche Menschen Sie umgeben, sich selbst haben Sie immer. Mit sich selbst sollten Sie also in einer guten und harmonischen Beziehung leben. Nur so sind Sie auch in Verbindung mit anderen Menschen zu einer guten und harmonischen Beziehung fähig.

Geld ist eine Einladung, Ihr Leben zu bereichern. Das tut es dann, wenn Sie es offen annehmen und immer wieder auch gerne loslassen, um es mit Freude weiterzugeben für das, was Ihnen wichtig ist. Wenn Sie mit sich selbst im Fluss sind, wird auch Ihr Geld ein reger Geldfluss sein.

> Am Geld zeigt sich die Qualität und Intensität der Beziehung.

Indem wir mit Geld Beziehungen bewusst leben, Menschen in unser Leben und unseren Arbeitsalltag integrieren und den Wert menschlicher Leistung schätzen, dürfen wir neben der Bereicherung dieser Menschen in unserem Leben endlich erfahren, dass auch finanzieller Mehrwert die Folge ist.

Wenn sich uns die ganze Dimension dessen erschließt, was Geld ist, dann erkennen wir, dass es keine Krisen, Streitereien und auch keine Kriege wegen Geld geben kann. Es geht nie um Geld, sondern immer um unsere Beziehung zu uns selbst. Jede Form der Destruktivität würde sich erübrigen, wenn uns klar ist, dass wir alles immer nur uns selbst antun und nur wir selbst die Verantwortung oder unbewusst die Schuld daran tragen. Frieden – auch finanzieller Frieden – kehrt ein, wenn er in uns ist. Das erreichen wir erst dann, wenn nicht nur unser Körper ausreichend Nahrung und Wärme erhält, sondern auch unsere Seele gut genährt ist.

Wenn Sie im Spiegel Ihrer Beziehung zu Geld einen Mangel erkennen, dann ist das nicht der empfundene Mangel an Geld. Es ist Ihre mangelnde Liebe zu sich selbst.

Wegweiser

Was fällt Ihnen spontan ein zu dem Wort
»Beziehung«?

Wie leicht tun Sie sich, langfristige gute
Beziehungen aufzubauen und zu pflegen?

Fühlen Sie sich reichlich geschätzt und geliebt?

Was schätzen Sie an Ihren Mitmenschen und wie oft
sagen und zeigen Sie das?

Fällt es Ihnen leicht, anderen Menschen zu
vertrauen?

Sind Sie sich auch in finanziellen Angelegenheiten
bei Ihren Freunden und Geschäftspartnern sicher
und voller Vertrauen?

Glauben Sie noch, dass Geld eine Freundschaft
gefährden kann?

Haben Sie schon Geld in Beziehungen vorschnell
»verloren gegeben«, für das Sie sich noch einsetzen
könnten – für Ihr Geld wie auch für diese
Beziehung?

Sind Sie im Frieden mit sich selbst und mit Ihren
Mitmenschen?

Denken Sie schon konsequent beiderseits Gewinn
bringend in Ihren (Geschäfts-)Beziehungen?

Geld als Spiegel
unserer selbst

Die Menge des Geldes in Ihrem Leben und die Erfüllung, die es mit sich bringt, hat weniger mit Geld an sich zu tun als mit Ihnen selbst.

Am Geld zeigt sich, wer Sie sind.

Wenn Sie ein generell großzügiger Mensch sind, dann können Sie das schwer auf der materiellen Ebene unterbinden. Wenn Sie finanziell geizen, fällt es Ihnen auch schwer, verschwenderisch mit Gefühlen umzugehen. Wenn Sie sich Lebensglück von Geld erhoffen, ohne etwas für Ihren Erfolg zu tun, dann tragen Sie auch sonst in Ihrem Leben nicht gerne die Verantwortung.

Sie sind der, der Sie sind, und leben sich selbst in allen Bereichen Ihres Lebens – in Bezug auf Geld genauso wie in der Beziehung zu anderen Menschen.

Menschen, die mit Geld unachtsam sind, es verschwenden oder zwischen ihren Fingern zerrinnen lassen, sind mit anderen eigenen Ressourcen ähnlich unachtsam. Sie lassen genauso leicht ihre Zeit, Kraft, Energie »zerfließen«. Ohne sich darüber bewusst zu sein, wird Zeit verbraucht für viel zu viele E-Mails, wahlloses Surfen im Internet, überflüssige Telefonate für oft nur eine einzige Verabredung, stundenlange Recherche für scheinbare Einsparungen, zu viele eingegangene Verpflichtungen, falsch verstandenes Pflichtbewusstsein und vieles mehr. Ein achtsamer Umgang mit Zeit löst jeden scheinbaren Zeitmangel in Luft auf und schenkt Zeit für alles Wünschenswerte. Wertvolle Zeit für Regeneration und Fokussierung auf das Wesentliche und im eigenen Sinne Gewinn bringende. Indem Sie Ihre Achtsamkeit erhöhen, sind Sie achtsamer – in Bezug auf Ihre Zeit, genauso wie in Bezug auf Ihr Geld oder jede andere wertvolle Ressource.

Wie Sie sich über Geld äußern, hat nur mit Ihnen zu tun und nichts mit der Materie Geld.

Spontan sind viele Menschen geneigt zu sagen, dass sie keine Beziehung zu Geld haben. Doch tatsächlich hat jeder Mensch seine ganz eigene Beziehung zu Geld. Wir kommen nicht umhin, durch das Mittel Geld unser Leben zu organisieren, unsere Existenz zu sichern und dadurch mit Geld in Beziehung zu sein.

Keine Beziehung zu Geld zu haben heißt, noch keine Beziehung zu einer ganz wesentlichen Bezugsquelle in sich selbst zu haben. Das kann eine Begabung oder Leidenschaft sein, die bis jetzt noch nicht zur Entfaltung gekommen ist. Das Erschließen dieser Quelle ist nicht nur ein großer Zugewinn an persönlicher Erfüllung und emotionalem Reichtum, sondern auch eine Gewinn bringende Geldbezugsquelle.

Mit Geld nichts zu tun haben zu wollen bedeutet nicht, dass es jemandem vor dem Papier oder den Münzen graut, sondern dass er mit etwas sehr Essenziellem in seinem Leben nichts zu tun haben will. Je ablehnender jemand dabei reagiert, umso stärker ist seine eigene Abwehrhaltung. Eine Körpersprache, die sagt »Bleib mir vom Leib«, hat ihre Ursache oft in frühem Missbrauch, der sich auch in der Beziehung zu Geld zeigt.

Ihre empfundene Beziehung zu Geld spiegelt die Beziehung, die sie zu sich selbst haben.

Chronisch einen Mangel an Geld zu empfinden zeigt, dass Sie bereits einen Mangel in anderen Bereichen Ihres Lebens erleiden. Angst vor finanziellen Verlusten ist erst dann gegeben, wenn Sie bereits in der Verlustangst leben. Ihre Gefühle lassen sich nicht auf Ihre finanzielle Situation beschränken. Vielmehr sind sie in all Ihren Lebensbereichen existent.

Wenn Sie angesichts Ihrer finanziellen Situation Angst haben, dann weil Sie diese Angst bereits in sich haben. Die Ursache für Ihre Angst liegt nicht im Geld. Die Angst wurde viel früher in Ihnen ausgelöst, sehr wahrscheinlich lange bevor Sie mit Geld in Kontakt waren.

Verlustängste resultieren aus den verschiedensten Kindheitserlebnissen, wie dem Verlust eines nahestehenden Menschen, Trennung der Eltern oder auch einem Ortswechsel, verbunden mit dem Verlust von Freunden. Die Verbindung zu den Eltern ist dabei ganz entscheidend, wie aufgehoben und begleitet wir uns fühlen und wie wir mit diesen Erlebnissen umzugehen lernen. Angst vor den eigenen Eltern bewirkt die größten Ängste in uns und nimmt uns unser Gefühl von Geborgenheit, denn wir verlieren die wichtigsten Bezugspersonen, die uns in unserer Angst helfen, trösten und erlösen würden.

Geld spiegelt die Beziehung zu Mutter und Vater.

Ihre Beziehung zu Vater und Mutter spielt eine tragende Rolle in Ihrer eigenen Beziehung zu Geld. Wenn Sie früh Geborgenheit verlieren, dann fällt es Ihnen schwer, sich finanziell sicher und geborgen zu fühlen. Daran ändert auch die Höhe Ihres Kontostandes oder die Menge Ihres Besitzes nichts. Sie fühlen sich erst dann sicher und geborgen, wenn Sie dieses Vertrauen in sich haben.

Unbewusst verhindern viele Menschen ihren eigenen größeren Erfolg, indem sie sich nicht zugestehen, über ihre Eltern hinauszuwachsen. Als Kinder sind wir kleiner als unsere Eltern und schauen zu ihnen auf. Wir bleiben zwar unser Leben lang die Kinder unserer Eltern, doch ist es wichtig, sich auch finanziell abzunabeln und sich nicht aus kindlicher Liebe weiter finanziell »kleiner« zu halten. So erfahren wir die Ablösung von den Eltern auch als finanziellen Abnabelungsprozess, durch den wir unsere Eigenständigkeit gewinnen und in unsere wahre Größe wachsen. Mit dem Erkennen dieses Zusammenhangs, nämlich dass wir aus Liebe zu unseren Eltern in unserem Wachstum begrenzt sein können, kann man dieses Verhaltensmuster auflösen und bewusst mit Liebe und Achtung den Weg zum eigenen Erfolg gehen.

Ein Zeichen von Anerkennung und Liebe ist auch, dass wir alles, was wir von unseren Eltern in die Wiege gelegt bekommen, dankbar annehmen und das Beste daraus machen. Eine ausgesöhnte Beziehung zu den eigenen Eltern und die Liebe zu Vater und Mutter bilden das gesunde Fundament für nachhaltigen finanziellen Erfolg.

Ihre Beziehung zu Geld spiegelt Ihren Bezug zu Ihrem Leben.

> Verändern Sie Ihre Beziehung zu sich selbst –
> und Sie verändern Ihre Beziehung zu Geld.

Wie geht es Ihnen angesichts Ihrer finanziellen Situation? Wie fühlen Sie sich dabei? Alles, was Ihnen nun dazu in den Sinn kommt, spiegelt Ihr eigenes Empfinden. Geld ist nicht die Ursache Ihrer Gefühlslage, sondern bringt Sie mit Ihren eigenen Gefühlen in Kontakt. Unbewusst projizieren Sie unverarbeitete Gefühle auf Ihre finanzielle Situation.

Alles, was Ihnen beim Blick in Ihren Spiegel begegnet, ist positiv. Scheinbar negative Aspekte machen Sie auf einen Missstand aufmerksam, den es zu lösen gilt, so dass Sie glücklicher und reicher leben.

Manche Menschen begegnen erst durch hohe Schulden dem Bedürfnis, um ihrer selbst willen geliebt zu werden. Bis dahin leben sie in der Angst, ohne Geld nicht mehr geliebt oder wegen ihrer Schulden verachtet zu werden. Andere leben in scheinbarer finanzieller Abhängigkeit und glauben, dass sie das Geld anderer Menschen, des Expartners oder des Staates brauchen, um überleben zu können. Tatsächlich sind sie nur deshalb abhängig, weil sie sich abhängig fühlen und sich selbst keinen Ausweg eröffnen können. Das Gefühl der Abhängigkeit ist bereits so vertraut, dass sie es nicht nur in finanzieller Hinsicht erleben.

Sich aus einer finanziellen Abhängigkeit zu lösen erfordert nicht mehr Geld, sondern in erster Linie die eigene Bereitschaft, sich aus dem Gefühl der Abhängigkeit zu lösen. Dabei haben Abhängigkeiten sehr subtile Vorteile, die unbewusst von einem Befreiungsschlag abhalten. Eine schwache abhängige Person erhält Trost, Bemutterung, Aufmerksamkeit und freundschaftliche Zuwendung, die dann nicht mehr nötig wären. Die Beziehung zum Partner wird auf den Prüfstein gestellt, wenn der bisher schwächere Teil nun an Stärke gewinnt, und genauso müssen auch Freundschaften einer starken Wandlung Stand halten.

> Wenn Sie finanziell wachsen wollen,
> müssen Sie zunächst in sich wachsen.

Wenn Sie das Gefühl haben, dass Ihnen Liebe in Ihrem Leben vorenthalten wurde, dann erhalten Sie dieses Gefühl im finanziellen Bereich aufrecht, indem Sie erleben, dass Ihnen Geld vorenthalten wird und Ihnen nicht so zukommt, wie

Sie es gerne hätten. Je mehr Sie sich selbst blockieren, umso mehr wird ihr Geldfluss blockiert sein. Und wenn ihr Geldhahn überquillt und Sie keinen Zugang dazu haben, dann will Ihnen diese Situation nur bewusst machen, dass Sie nichts davon haben, Geld im Überfluss nur zu besitzen, solange Sie Ihren Reichtum nicht leben, erleben und genießen können.

Viele Menschen glauben, dass Geld erst dann verdient ist, wenn es hart erarbeitet wurde. Häufig wurden sie so geprägt, indem sie nur für getane Arbeit und erbrachte Leistungen Belohnung und Anerkennung erfahren haben. Wenn diese Überzeugung in Ihnen festsitzt, werden Sie unbewusst Ihr Geld immer hart erarbeiten und auch dann erst stolz darauf sein. Großen Reichtum, den Ihnen das Leben auf leichtem Wege beschert, werden Sie dagegen nur schwer genießen können.

Eine reale Veränderung Ihrer finanziellen Situation bedeutet nicht zwangsläufig eine wirkliche Veränderung Ihrer Situation und schon gar nicht eine Veränderung Ihres Lebensgefühls. Sie können mehr Geld haben und trotzdem keine gesteigerte Lebensfreude empfinden. Sie können sich auch mit mehr Geld genauso unsicher oder frustriert fühlen wie mit weniger Geld. Auch fällt Ihr monatlicher Überschuss nicht automatisch größer aus, wenn sich Ihre Einnahmen erhöhen. Falls es in Ihrem Leben bisher »immer nur gereicht hat«, dann wird dies auch mit mehr Geld der Fall sein, so dass unterm Strich genauso viel oder wenig übrig bleibt wie bisher. Sie gönnen sich etwas mehr und passen Ihren Lebensstandard an. Damit bestätigen Sie sich schneller, als Ihnen lieb ist, dass es immer nur gerade so reicht.

Wenn Sie nicht genug Geld haben oder auch nur das Gefühl, nicht genug zu haben, dann leben Sie im Mangel und tun mehr als genug, um gerade mal genug zu haben. Schenken Sie sich selbst das Gefühl »gut genug zu sein«. Loben Sie sich täglich. Beachten Sie nicht das, was Sie nicht geschafft haben, sondern nehmen Sie sich wahr, wer Sie sind, was Sie können und was Sie schon erreicht haben. Schenken Sie sich reichlich das Gefühl, gut genug zu sein – so wie Sie jetzt sind. Können Sie es fühlen? Wie fühlt es sich für Sie an, »gut genug zu sein«?

Sie können nicht gleich Ihre finanzielle Situation komplett verändern. Doch Sie können sofort Ihre eigene Beziehung zu Geld so ändern, dass Sie Geld und Ihre persönliche Situation unbeschwert genießen. Mit mehr Gelassenheit, Zuversicht und Freude, verbessern Sie aktiv auch Ihre reale Situation. Indem Sie Geld wertfrei betrachten und Ihre innere Haltung so verändern, dass mehr in Ihrem Leben möglich sein darf, werden Sie die gewünschte finanzielle Situation erschaffen und Ihr Leben rundum genießen. Dann leben Sie erfüllter und auch Ihr Geld erfüllt einen größeren Sinn.

> Geld ist das, was folgt, wenn Sie sich selbst folgen!

Weil Geld der Spiegel Ihrer Beziehung zu Ihnen selbst ist, müssen Sie erst Ihre Beziehung zu sich selbst verändern, wenn Sie emotional und finanziell reich sein wollen.

Wegweiser

Wie empfinden Sie Ihre Beziehung zu Geld?

Welche Beziehung zu Geld wollen Sie wirklich haben?

Was zeigt sich Ihnen im Spiegel des Geldes und Ihrer finanziellen Situation?

Wie denken und sprechen Sie über Geld?

Wie wird in Ihrem Umfeld über Geld gedacht und gesprochen?

Was nehmen Sie in Bezug auf Geld wahr – bei sich selbst und in Ihrem Umfeld?

Was haben Sie von Ihren Eltern in Bezug auf Geld gelernt?

Trauen Sie sich, mehr aus Ihrem Leben zu machen als Ihre Eltern?

Wofür sind Sie Ihren Eltern dankbar?

Haben Sie die finanzielle Realität, die Ihrem gefühlten Reichsein entspricht?

Wie reich fühlen Sie sich?

Der Preis verdrängter Gefühle

Der Spiegel Ihrer Finanzen zeigt klar, ehrlich und ungeschminkt Ihre Situation. Alles, was Sie dabei in Bezug auf Geld erleben, ist das, was Sie bereits in sich selbst erleben. Geld bietet die Möglichkeit, an sich selbst zu wachsen, denn indem Sie Ihren unterdrückten Gefühlen begegnen, können Sie befreit davon Ihr Leben und Ihr Geld in vollen Zügen genießen.

In vielen Situationen in unserem Leben stauen wir Emotionen auf, weil wir unsere Gefühle unterbinden. Von diesem emotionalen Ballast will uns unser Unterbewusstsein befreien und bringt uns in Situationen, in denen wir mit diesen Gefühlen erneut in Kontakt kommen. Denn indem wir unsere Gefühle annehmen, durchleben und uns mit der Situation aussöhnen, werden wir frei von der »alten« unterbundenen Energie.

Unterdrückte Gefühle sind nicht nur eine emotionale Belastung, sie machen sich auch in finanzieller Hinsicht bemerkbar. Unsere unbewussten Schuldgefühle schaffen sich ihren Platz in unserem Leben in Form von finanziellen Schulden. Scham hält Geld gänzlich von uns fern und verhindert, dass wir Geld annehmen können. Unterdrückte Wut verschafft sich Luft im Finanziellen und führt auf vielfache und auch gewaltsame Weise zu Geldvernichtung in Form von Konsumrausch, Spielsucht, Diebstahl und jede andere

Art und Weise, die uns mit unserer angestauten Wut in Berührung bringt. Unsere Angst verhindert einen gesunden Geldfluss und führt uns geradewegs auf das Ziel zu, das wir fürchten.

Ängste haben wir ausreichend: Unbewusst meiden wir Besitz, weil wir Angst haben vor dem Verlust; wir meiden Erfolg, weil wir Angst haben vor dem Fall; wir trauen uns nicht, der Beste zu sein, aus Angst davor, versagen zu können; wir leben nicht unsere Größe, aus Angst vor der Ablehnung anderer Menschen. Wir fürchten Reichtum, weil wir Angst haben vor dem stillen Ausschluss aus der Gemeinschaft und dem Neid der anderen. Wir dosieren unsere Liebe aus Angst, verlassen oder verletzt zu werden, und wir begrenzen uns in unserem Leben aus Angst … Wir haben Angst vor der Angst, weil wir ihr schon viel zu lange nicht mehr in die Augen geschaut haben, um zu erkennen, dass sie uns nichts tun will.

Unsere verdrängten Gefühle verhindern nicht nur ein freies emotionales Erleben, sondern auch einen regen Geldfluss. Wir verdrängen nicht nur unsere Gefühle, sondern auch unser Geld. Dadurch genießen wir weniger finanziellen Wohlstand und weniger Freude, als wir haben könnten.

> Indem Sie Ihre Gefühle verdrängen, verdrängen Sie Ihr Geld.

Sehr wohlhabende Menschen haben den Vorteil, dass sie durch das Verdrängen ihrer Gefühle und ihres Geldes nicht gleich in einen finanziellen Engpass geraten, doch an der Freude am Geld mangelt es. Die Verdrängung wird sichtbar durch unerfüllten Besitz, mangelndes Selbstwertempfinden, Spenden aus reinen Schuldgefühlen, den Kauf von Geschenken und Wohlfühlprodukten, die Unzufriedenheit eindämmen und innere Leere auffüllen sollen.

Es geht nicht darum, negative Gefühle loszuwerden, sie zu verachten oder uns selbst dafür zu verachten. Ganz im Gegenteil ist es wichtig, sie anzunehmen, ihnen ihren Raum zu geben, dort, wo sie ihren Platz haben, und sie in den Beziehungen zu klären, in denen sie zu klären sind. Das ist niemals Ihre Beziehung zu Geld. All das, was Ihnen jetzt in Ihrer Beziehung zu Geld begegnet, ist die Fortsetzung der ungeklärten Beziehungen, die während Ihres bisherigen Lebensweges entstanden sind. Die Aussöhnung mit den eigenen negativen Gefühlen bildet die Grundlage für eine gesunde Beziehung zu anderen und zu sich selbst.

Fangen Sie an, die Beziehungen zu klären, in denen es für Sie noch etwas zu klären gibt. Wenn Sie Ihre Wut in der Beziehung klären, die Sie in Ihre Wut gebracht hat bzw. immer noch bringt, dann befreien Sie sich von dieser aufgestauten Wut. Alle Ihre Gefühle von Scham, Schuld, Angst, Trauer sind nicht in Verbindung mit Geld entstanden, sondern in menschlichen Beziehungen. Sie befreien sich von alten Verletzungen und schützen sich vor neuen Fehlhandlungen, die oft aus alten Verletztheiten resultieren, indem Sie sich dieser Gefühle bewusst werden und sie verarbeiten. Schließen Sie Ihren Frieden mit allem Vergangenem und mit sich selbst.

Wir urteilen über unsere Gefühle und sind unseren eigenen Bewertungen und Begrenzungen unterlegen. Wir streben nur nach bestimmten »guten« Gefühlen, während wir die scheinbar »negativen« Gefühle nicht haben wollen. Wir entfremden uns von unserem innersten Empfinden in dem Versuch, unser Gefühlsleben zu kontrollieren. Jedes Lachen ist willkommen, jede Träne wird unterdrückt und ist uns peinlich. Für schlechte Laune und Trauer entschuldigen wir uns. Doch Begegnung zwischen Menschen findet in der Emotion statt. Indem wir mit anderen mitfühlen, erleben wir tiefe menschliche Begegnung und bewegende Momente. Diese Begegnungen sind nur möglich, wenn wir diese Gefühle auch leben und miteinander teilen.

> Welche Gefühle löst Ihre finanzielle Situation in Ihnen aus?

Alle unsere Gefühle haben ihre Daseinsberechtigung und ihren positiven Sinn. Sie bereichern unser Leben, schenken uns Lebendigkeit, ermöglichen menschliche Begegnungen und geben uns in jedem Gefühl eine besondere Kraft. Wut steht in Verbindung mit unserer Leidenschaft, die eine wichtige Antriebsfeder in unserem Leben ist. Scham schützt unsere Intimsphäre und zeigt uns unsere Grenze und auch unsere Achtung. Schuldgefühle stehen für unsere Ethik und unser Schuldbewusstsein. Unsere Angst ermahnt uns zu gesunder Vorsicht und fordert uns in unserem Vertrauen heraus. Eine Angst taucht nicht grundlos auf, und es wäre falsch, sie zu missachten und sich damit leichtfertig auf ein zu hohes Risiko einzulassen. Jedes Gefühl hat eine Warnfunktion und hilft uns, gewisse Grenzen zu wahren, um uns selbst zu schützen und mit uns im Reinen zu bleiben.

Wenn Sie sich von aufgestautem Ballast befreit haben, dann sind Sie frei von unbewusster Destruktion und genießen mehr Achtsamkeit für jede Gefühlsregung und das, was sie Ihnen als Warnsignal oder positivem Impuls mitteilen will. Frei von alten emotionalen Begrenzungen können Sie sich auf Ihr Bauchgefühl verlassen und haben ausreichend Platz für all die Gefühle, die in diesem Moment Ihr Leben berühren.

Wenn Sie direkt in den Spiegel Ihres Geldes blicken, dann sehen Sie darin die Emotionen, die sich nach Klärung und Aussöhnung sehnen. Und Sie sehen nur noch eine Person, die Ihnen dies schenken kann. Der direkte Blick in den Spiegel Ihrer finanziellen Situation zeigt Ihnen darin

- nur noch einen Menschen, der sich schämt,
- nur einen Menschen, für den er sich schämt,
- nur einen Menschen, der wütend ist,
- nur einen Menschen, auf den er wirklich wütend ist,
- nur einen Menschen, der sich schuldig fühlt,
- nur einen Menschen, dem er dann noch etwas schuldig geblieben ist.

Begegnen Sie Ihren Gefühlen und begegnen Sie sich – um in größerer emotionaler und finanzieller Freiheit Ihr Leben und Ihr Geld zu genießen.

Wegweiser

Welche Gefühle begleiten Ihre Beziehung zu Geld?

Aus welchen anderen Situationen und Beziehungen kennen Sie diese Gefühle?

In welchen Beziehungen gibt es für Sie noch Ungeklärtes zu klären?

Worauf sind Sie in finanzieller Hinsicht wütend?

Was wollen Sie sich und anderen verzeihen?

Was ist Ihre größte finanzielle Angst?

Und was ist Ihre wahre Angst dahinter?

Verkaufen Sie sich schon selbstbewusst wertvoll oder ist Ihnen das noch unangenehm?

Was sind Sie sich noch schuldig geblieben?

Worauf sind Sie stolz?

Was erfüllt Sie und stimmt Sie zufrieden?

Wer spart, verliert

Finanzielle Heilung

Finanzielle Heilung erfolgt, wenn wir in uns heilen. So wie Krankheit ein Ausdruck unseres Körpers ist, dass etwas in uns aus dem Lot geraten ist, zeigen sich unsere inneren Wunden auch in unserer Beziehung zu Geld. Finanzielle Krankheiten entstehen durch unsere unterdrückten Gefühle, die sich in Destruktion äußern und dadurch, dass wir gegen uns selbst verstoßen. Das ist öfter der Fall, als wir denken.

Viele Arbeitnehmer arbeiten in einem Umfeld, das überhaupt nicht ihrem Potenzial und ihren Talenten entspricht und schon gar nicht dem, was sie sich beruflich wünschen. Sie fallen sich selbst zum Opfer, indem sie sich für Geld zu kurz kommen lassen und auf ihr wirkliches berufliches Glück verzichten.

Viele Menschen ziehen eine Arbeitsumgebung vor, in der sie sichtlich leiden. Sie sind meist über- oder unterfordert und damit weit von Erfüllung im Beruf entfernt, und das scheinbar für mehr Sicherheit. Die erhaltene Entlohnung ist das empfundene Schmerzensgeld.

So verharren viele Menschen dem Geld zuliebe in beruflichen Positionen, die sicher und gut bezahlt sind. Sie trauen sich nicht, ihrer Berufung zu folgen, was innerlich zu Frustration führt und sich auch körperlich zeigen kann. Viele verdienen ihr Geld gegen sich selbst gerichtet und erleiden dabei schwere Krankheiten, wenn die Signale des Körpers nicht wahrgenommen werden.

Eine Arbeit, in der wir unsere Wünsche, Fähigkeiten und Talente brachliegen und verkümmern lassen, kann uns krank machen. Auch wenn sie uns Sicherheit verspricht. Wir buckeln uns krumm und verbiegen uns für Geld, bis unser Kreuz streikt. Wir beugen uns der Angst vor dem finanziellen Fall und nehmen den Vorfall unserer Bandscheiben in Kauf. Ist uns die Art und Weise, wie wir unser Geld verdienen, selbst zuwider, schlägt uns das auf den Magen. Klafft die Schere zwischen unserem Willen und unserem Gefühl zu weit auseinander, leben wir in großem inneren Zwiespalt. Auftauchende Gefühle von Sinnlosigkeit und sich einschleichende Depressionen sind dann erst der Anfang.

> Nur gesunde Handlungen bewirken gesunde Entwicklungen.

Wenn wir gegen uns selbst gerichtet handeln, spüren wir das sofort. Wir fühlen diese Verletzung in uns, erleben unangenehme Gefühle und quälende Gedanken, die uns auch Nachts keinen ruhigen Schlaf finden lassen, uns an die Nieren gehen, auf den Magen schlagen, Migräne bescheren und ähnliches. Ein gesunder Körper sendet klare Reaktionen. Wie gesund fühlen Sie sich in Ihrem beruflichen Umfeld und mit Ihrer Arbeit?

Geld als solches zwingt uns zu nichts. Wir selbst opfern uns dem Geld. Falls Sie glauben, zu etwas gezwungen zu sein, dann liegt auch hier der Ursprung nicht in der Materie des Geldes. Ihr Empfinden, »sich zu etwas gezwungen zu fühlen«, bleibt Ihnen so lange erhalten, bis Sie sich davon lösen.

Solange Sie sich in einem Umfeld befinden, in dem Sie sich nicht wohlfühlen, hat das Auswirkungen auf Sie und

Ihr Wohlbefinden und Ihren finanziell gesunden Fluss. So-lange Sie nur hoffen, ohne etwas zu ändern, tragen Sie weiterhin zu Ihren Beschwerden bei. Viele Menschen be-treiben das über Jahre hinweg und sind dennoch über-rascht, wenn sie mit der daraus resultierenden Krankheit konfrontiert sind.

Vielleicht haben Sie nie geraucht und auch nie viel ge-trunken, doch leben Sie wirklich fühlbar gesund, so dass es Ihnen körperlich, geistig und seelisch gut geht?

Wo immer sich Krankheit zeigt, bedarf es Gesundung. Krankheiten kommen nie zufällig, sondern entstehen durch ungesunde Lebensweisen. Häufig bekommen Men-schen erst durch Krankheit einen neuen Zugang zu ihrem Leben und setzen eine völlig neue Lebenskraft und Lebens-energie frei. Die gleiche Chance besteht bei allen finanziel-len Krankheiten. Sie sind ebenfalls ein Weg zu Erneuerung. Es erfordert viel Mut, sich beruflich mit dem zu verwirk-lichen, was einem aus tiefstem Herzen ein Bedürfnis ist, und konsequent der eigenen inneren Stimme zu folgen, so dass Geldverdienen mit Freude gelingt.

Kennen Sie Ihr Potenzial? Leben Sie es? Oder arbeiten Sie noch gegen sich selbst gerichtet? Für mehr Geld? Viel-leicht ist es für Sie fraglich, ob Sie es sich leisten können, ganz das zu tun, was Sie wirklich tun wollen. Sicher ist, dass Sie es sich mittel- und langfristig nicht leisten können, für Geld Ihre Gesundheit aufs Spiel zu setzen. Wenn Sie Ihre Gesundheit gefährden, gefährden Sie damit immer auch Ihre finanzielle Basis.

Eine Arbeit, die uns krank macht, können wir uns nicht leisten. Auch werden wir es uns nicht leisten können, krank-heitsbedingt früher in Rente zu gehen, da unsere Rente auf wackeligen Beinen steht und keine ausreichende Zukunfts-sicherung sein wird. Sicherheitshalber sollten wir uns auf ein längeres gesundes und erfüllendes Berufsleben einstellen.

Nachdem mein Großvater den erstrebten Zeitpunkt erreicht hatte und er im Rentenalter sein Leben und seine freie Zeit in vollen Zügen hätte genießen können, war er nur noch krank. Er ist mir ein Mahnmal dafür, dass es nicht erstrebenswert ist, sein Leben auf irgendwann zu verschieben. Er ist mir auch Bestätigung für das, was ich schon immer empfand: Ein Mensch strebt nicht danach, sich ausschließlich mit sich und seiner freien Zeit zu beschäftigen. Jeder Mensch ist gerne wertvoller Teil einer Gemeinschaft. Jeder Mensch will gebraucht sein.

Je früher wir das tun, was wir gut und gerne machen und was uns dadurch leichtfällt, umso mehr Geld werden wir auf lange Sicht verdienen – und umso weniger werden wir davon loslassen wollen, nur weil wir ein bestimmtes Alter erreicht haben. Je mehr wir schon das leben, was Freude macht, umso mehr Ideen und Talente werden in uns geweckt und gesunde Energie freigesetzt. Wir haben jetzt die Chance, unser Leben aufzuwerten, anstatt es auf später oder auf den Zeitpunkt größerer finanzieller Freiheiten zu verschieben.

Umbruchsituationen sind trotz aller Widrigkeiten immer auch eine Wachstumsmöglichkeit. Das Loslassen von Geld und Besitz kann zu Ihrer gesunden finanziellen Weiterentwicklung beitragen. Dies soll Sie nicht einladen, nun »mutwillig« Geld loszulassen. Es soll Ihnen einen neuen Blickwinkel eröffnen, dass auch aus einer verlustreichen Situation eine positive Entwicklung für Sie hervorgehen kann. Betont sei das Wort »kann«, denn wesentlich ist, dass Sie achtsam mit sich sind, was die neue Situation in Ihnen bewirkt. Wenn Sie über längere Zeit ausschließlich an all Ihren Kräften zehrt und destruktive Kräfte in Ihnen nährt, indem Sie wütender und aggressiver werden, dann besteht die Gefahr der Selbstzerstörung – in Ihnen wie auch in Ihrem finanziellen Umfeld und in bestehenden Beziehungen.

Es gibt nichts für Geld zu tun. Alles, was es scheinbar für Geld zu tun gäbe, tun Sie für sich. Die Blockaden, die es aufzulösen gilt, um Ihren Geldfluss in Schwung zu bringen, bringen in erster Linie Ihr Leben in Fluss. Alles, was Sie emotional in Bezug auf Geld begrenzt, begrenzt Sie nicht nur in Bezug auf Geld, sondern in Bezug auf Ihr gesamtes Leben.

Die eigene Sexualität frei, erfüllt und genussvoll zu erleben wird gleichermaßen schwierig, solange Sie mit dem Gefühl von Scham durchdrungen sind. Indem Sie sich schämen, halten Sie sich nicht nur Ihr Geld vom Leib und den freudigen und genussvollen Umgang damit, sondern generell Ihren Lebensgenuss. Wenn Sie sich nicht mehr schämen für das, was Sie sind und haben, dann sind Sie befreit von ungesunder Scham und damit frei für den Genuss und die Freude, die Sie dann erleben dürfen. Wenn Sie finanzielle Ängste bereinigen, haben Sie eine existenzielle Angst weniger. Sobald Sie diese Angst verloren haben, haben Sie für den Rest Ihres Lebens diesen Platz frei für ein beglückendes Lebensgefühl. Wie wertvoll ist das? Statt Existenzangst erleben Sie essenziell mehr Vertrauen, Freude, Leichtigkeit, Lebendigkeit, Mut. Sie leben intensiver, genussvoller, gesünder und dankbarer.

> Wie erfüllt und glücklich verdienen Sie Ihr Geld?

Die Lösung zeigt sich nicht als eine Antwort auf eine Ihrer Lebensfragen oder gar als Ratschlag. Die »Lösung« liegt näher, als Sie denken, denn sie ist im wahrsten Sinne des Wortes ein »Von-sich-Lösen« – Loslassen. Wenn Sie negative Emotionen aufarbeiten und aussöhnen, lassen Sie davon los. Befreit von destruktiver Schuld, Scham, Wut und

Angst, schaffen Sie selbst in sich den Freiraum, um in vollen Zügen zu genießen und dankbar und erfüllt zu leben – auch in finanzieller Beziehung. Indem Sie Ihre negativen Gedanken und Gefühle mit Geld heilen und eine gesunde Beziehung zu Geld leben, gewinnen Sie mehr Lebensqualität, mehr Geld und mehr Freude damit sowie mehr Wertschätzung – in jeder Beziehung!

Nur Sie selbst können sich loslösen, erlösen und Ihre eigene Lösung sein. Und diese Lösung kann sich finanziell jeder leisten!

Wegweiser

Wie sehr empfinden Sie sich in Balance?

Wie wohl fühlen Sie sich in Ihrem beruflichen Umfeld?

Leben Sie schon Ihre Berufung?

Wie viel ist Ihnen Ihre Gesundheit wert?

Können Sie belastende Gedanken und Gefühle gut loslassen?

Respektieren und beachten Sie stets Ihre persönlichen Grenzen?

Was können Sie sich und Ihrer Gesundheit zuliebe Gutes tun?

Wie können Sie sich noch mehr beruflich verwirklichen?

Wie geht es Ihnen, wenn Sie ganz sich selbst und Ihrer inneren Stimme folgen?

Sind Ihre Gedanken, Gefühle und Handlungen im Einklang mit dem, was Sie sein und haben wollen?

Was bringt Ihr Herz dazu, vor Freude zu springen?

Wer spart, verliert

Geldbewusstes Sein

Geld ist kein Allheilmittel. Geld können Sie am besten dann genießen, wenn Sie sich selbst schon genießen. Es wird keine Ihrer Wunden heilen, die Sie wegen des Geldes zu haben meinen – sei es, dass Sie zu wenig Geld besitzen oder zu wenig Erfüllung trotz eines großen Vermögens erleben.

Solange Sie nicht glücklich sind, ist scheinbar ein Mangel an Geld die Ursache Ihrer gefühlten Misere oder ein Übermaß an vorhandener Materie nur zusätzliche Belastung oder unerfüllende Leere. Es ist nicht mehr Geld, das Sie brauchen, um ab heute glücklicher zu leben.

Ihr inneres Empfinden und fühlbares Glück bildet die Basis dafür, dass Sie diesen Zustand auch im Außen, also auch in Verbindung mit Geld erleben können.

Sie erlangen mehr Genuss nicht zwangsläufig durch mehr Geld, sondern indem Sie mehr genießen. Wenn Sie heute jeden Euro, den Sie haben, genießen können, dann werden Sie auch mit mehr Geld mehr Genuss erleben. Doch solange Sie nicht in der Lage sind, genussvoll zu leben, wird die Menge an Geld in Ihrem Leben daran nichts ändern.

Sorgen Sie stets für Ihr Wohlgefühl, so dass Sie sich immer rundum wohl und aufgehoben fühlen in Ihren Wohnräumen, Ihrer Kleidung und Ihrem Körper? Oder leben Sie funktionsorientiert, so dass Ihre Räume und Kleider ihren Zweck erfüllen und Ihr Körper funktioniert?

Ihr Lebensempfinden, Ihr Lebensgenuss, die Art und Weise, wie intensiv Sie leben und wie wohl Sie sich fühlen, hat nichts mit Geld zu tun. Das Lebenswerte in Ihrem Leben kostet Sie kein Geld. Sie können einfachste Situationen genussvoll leben. Das Leben hält Sie nicht davon ab – und auch nicht Ihr Geld.

> Nicht die Menge an Geld ist für Ihren Genuss im Leben verantwortlich, sondern Ihre Fähigkeit, genussvoll zu leben!

Geldbewusstsein erlangen Sie, indem Sie sich Ihrer selbst bewusst werden. Zu wissen, wer Sie sind, welche Fähigkeiten, Talente und Schätze in Ihnen liegen, ist wesentlich dafür, dass Sie sich auch Ihres Wertes bewusst sein können. Sie haben alles, was Sie brauchen, um erfolgreich sein zu können. Das Leben selbst hat Sie geschult und Ihnen die wertvollste Ausbildung zukommen lassen. Unabhängig von Ihrer Berufsausbildung und Ihrem beruflichen Werdegang sind Sie selbst Ihr größter Erfolgsfaktor. Sie müssen sich dessen nur bewusst sein – sich selbst bewusst SEIN.

Neben einer bewussten und für Ihren Geldfluss förderlichen Haltung und Einstellung zu Geld, spielt auch Ihre bewusste körperliche Wahrnehmung eine große Rolle. Achten Sie bei Geldtransaktionen einmal darauf, wie es Ihnen geht und welche Gefühle und Impulse in Ihnen ausgelöst werden. Wenn uns zum Beispiel jemand spontan auf der Straße um Geld bittet, dann kann es sein, dass wir ohne jede Überzeugung schnell etwas Geld geben, nur um uns nicht schlecht zu fühlen. Das heißt, wir geben unser Geld, um uns scheinbar des schlechten Gefühls zu entledigen. Obendrein ärgern wir uns, wenn wir uns überrumpelt fühlen und unser Geld nicht im Sinne unserer Überzeugung gegeben haben. In dem Falle haben wir weniger Geld und eine negative Emotion mehr. Es kann auch sein, dass Sie kein Geld geben und sich dafür schämen. Dann haben Sie ebenfalls ein negatives Gefühl mehr in sich genährt. Keine Gefühle zu spüren heißt noch nicht, dass das Erlebnis spurlos an Ihnen vorübergeht, denn vielleicht verdrängen Sie Ihre Gefühle. Wenn Sie sich Ihrer selbst und damit Ihrer Emotionen bewusst sind, dann spüren Sie ein Gefühl. Vielleicht merken Sie, dass Ihnen die Überzeugung und die Freude an dieser Investition fehlen und Sie das Geld jetzt nicht geben wollen. Dann ist es für Sie selbst zum Besten, das wahrzunehmen und nach dieser gefühlten Klarheit und Überzeugung selbstbewusst zu handeln. Der entscheidende Unterschied ist der, dass Sie dabei ein anderes Gefühl erleben. Sie sind sich Ihrer Überzeugung sicher und können das auch klar vermitteln. Und vor allem geht es Ihnen selbst spürbar gut dabei!

Vielleicht stellen Sie auch fest, dass Sie von Herzen gerne Ihr Geld geben. Dann erleben Sie auch diese Großzügigkeit, Freude und Nächstenliebe erst, wenn Sie sich dessen bewusst geworden sind. Dadurch erst schenken Sie sich selbst die Freude daran, das Geld in Ihrem Sinne Wert stiftend zu geben und jemandem dieses Geschenk zu machen.

Wie sehr genießen Sie Ihr Leben?

Das Bewusstwerden der eigenen Gefühle eröffnet den Genuss eines reichen emotionalen Empfindens in jedem einzelnen Moment – auch bei jeder Begegnung mit Geld.

Lernen Sie Achtsamkeit gegenüber Ihren Gefühlen und den Impulsen, die diese in Ihnen auslösen, bevor Sie das

Geld kostet. Beispielsweise unterschreiben viele Menschen Versicherungsverträge, die sie gar nicht wollen, nur weil sie sich schämen, »Nein« zu sagen. Lieber zahlen sie also Geld, um ihr Schamgefühl zu übergehen. Andere schließen zu riskante Anlagen ab, deren Zusammenhang sie nicht verstehen, weil es ihnen peinlich ist, ihr Unverständnis kundzutun. Auch das kann teuer werden. Andere möchten um keinen Preis als geizig gelten und geben viel mehr Geld, als sie sonst geben würden, nur um ja nicht geizig zu erscheinen.

Für alles, was wir in uns verdrängen, weil wir es nicht sein und nicht haben wollen, »verdrängen« wir wertvolles Geld. Wir geben Geld, um uns nicht klein und unfähig zu fühlen, uns nicht zu schämen, unsere Wut nicht zu zeigen und um unsere Trauer zu übergehen. Wir zahlen viel Geld für Ablenkung und Spaß, um unsere wahren Emotionen zu überspielen.

Wenn Sie sich Ihrer still ablaufenden Mechanismen bewusst sind, dann erkennen Sie schnell selbst, welches Gefühl welchen Impuls in Ihnen wachruft und Sie dazu bringt, Ihr Geld wegzugeben. Indem Sie sich selbst wahrnehmen in Ihrem Umgang mit Geld, können Sie frei von veralteten Verhaltensmustern ganz bewusst die Entscheidungen treffen, die Sie wirklich treffen wollen und die jetzt in diesem Moment für Sie stimmig sind.

Reich sein ist ein emotionaler Zustand – ein Lebensgefühl. Wenn Sie sich wirklich innerlich reich fühlen, dann sind Sie das unabhängig von Ihrer tatsächlichen finanziellen Situation, denn dann ist ein akuter finanzieller Engpass für Sie ein vorübergehender Zustand, der sich auch wieder verändert. Sie können also pleite und dennoch reich sein. Es liegt in Ihnen. Sie besitzen das Vermögen, das Sie brauchen, um daraus neues Vermögen aus sich selbst heraus hervorzubringen.

Geldbewusstes Sein basiert auf Ihrem Bewusstsein. Werden Sie sich Ihrer selbst bewusst und erlangen Sie damit ein fühlbar neues Bewusstsein in Ihrer Beziehung zu Geld und damit zu sich selbst!

Wegweiser

Glauben Sie noch, durch mehr Geld glücklicher zu werden?

Oder halten Sie Geld für die Ursache Ihres Leids?

Wie sehr genießen Sie Ihr Geld – sowohl beim Verdienen, Bewahren, bei jeder Ausgabe, wie auch beim Investieren?

Wie sehr sind Sie sich Ihrer selbst und Ihres Wertes bewusst?

Achten Sie stets darauf, dass Sie sich wohlfühlen – in Ihrer Umgebung, Ihrer Kleidung, Ihrem Körper?

Was macht Sie wirklich glücklicher und fühlbar reicher?

Vertrauen Sie auch bei finanziellen Angelegenheiten sich und Ihrem guten Bauchgefühl?

Was würden Sie tun, um einmal ganz gezielt anders mit Geld zu handeln?

Was würden Sie tun, um sich einen Herzenswunsch zu erfüllen?

Wann haben Sie das letzte Mal einem Mensch Ihr Geld mit all Ihrer Wertschätzung übergeben?

Fühlen Sie sich in Ihrem tiefsten Innern reich?

Geben und Nehmen

Sie können immer nur das geben, was Sie haben. Um überhaupt in den Genuss von »Haben« zu kommen, müssen Sie erst einmal für sich selbst annehmen können. Dann dürfen Sie »haben«. »Annehmen« klingt leichter, als es inzwischen ist, denn jede Verurteilung, Abwertung und Nichtanerkennung verhindert Annehmen. Was an Ihrer Situation können Sie vollständig akzeptieren? Wie viel von sich selbst können Sie annehmen und wertschätzen?

Auch zeigt sich die Art und Weise, wie Sie geben oder nehmen, in Ihrem finanziellen Verhalten. Es wird Ihnen nicht gelingen, in der Liebe großzügig zu sein, wenn Sie sich finanziell enthaltsam und geizig verhalten. Genauso gestehen Sie sich unbewusst nur das zu, was Sie auch wirklich annehmen können. Die Gunst, viel Liebe, Geld und Glück zu haben, erlangen Sie erst, wenn Sie innerlich auch wirklich offenen Herzens annehmen können – zuallererst sich selbst so, wie Sie sind.

Geben und Nehmen gehören zusammen. Annehmen können Sie also leicht in dem Maße, in dem Geben für Sie selbstverständlich ist. Wenn Sie sich für Ihre eigene Leistung eine höhere Wertschätzung und einen höheren Preis wünschen, dann achten Sie darauf, wie leicht Sie Wertschätzung geben können.

Auch schaffen Sie, indem Sie geben, Platz für Neues in

Ihrem Leben und lernen Ihre bestehenden Werte neu zu schätzen. Sortieren Sie doch einmal bei sich zu Hause ordentlich aus! Sie werden vieles finden, das für Sie keinen Zweck mehr erfüllt und Platz kostet. All diese Dinge, die Sie nicht mehr benutzen oder brauchen, wie gelesene Bücher, aus der Mode gekommene Kleidung oder altes Geschirr, können Sie dankbar weitergeben, sich selbst neuen Raum geben und einen doppelten Wert schaffen. Erstens geben Sie den Dingen wieder ihren Sinn, indem sie zum Beispiel in der Bücherei, einem Kinderheim, in der Kleidersammlung, über eine Hilfsorganisation oder auf anderen Wegen vielen Menschen zugutekommen. Zweitens begreifen Sie all das, was Sie nun noch in Ihrem Heim haben, ganz bewusst als wertvoll. Je mehr Sie sich nur noch mit den Dingen umgeben, die für Sie bedeutsam sind, umso reicher fühlen Sie sich in Ihrem eigenen Reich.

> Geben schafft Platz für neues Wachstum!

Durch unser Geben erneuern wir uns und ermöglichen neues Wachstum. Auf diesem Kreislauf von Geben als Basis für neues Wachstum beruht auch das Gesetz des Zehnten. Viele erfolgreiche Menschen handeln danach und geben ein Zehntel ihres Einkommens aus Überzeugung für wohltätige Zwecke weiter. Nicht erst dann, wenn sie es zu Erfolg gebracht haben, sondern als Basis ihres Erfolges.

Geben zu können hat einen sehr hohen Wert. Nicht nur für den Empfänger, sondern auch für Sie selbst. Sie dürfen sich daran erfreuen, anderen Menschen eine Hilfe und Freude zu sein, und können die Dankbarkeit genießen, dass Sie überhaupt so viel zu geben haben! Im Buddhismus heißt es deshalb, der Gebende soll dankbar sein.

Der gesunde und stimmige Austausch von Geben und Nehmen wird häufig verhindert durch unbewusste Erwartungshaltungen. Wir geben und kalkulieren. Wir geben in der Erwartung, mehr geliebt, anerkannt und geachtet zu werden. Wir geben manchmal mehr, als wir gut und gerne geben wollen, nur um von anderen etwas zurückzubekommen oder gar um jemanden an uns zu binden. Jedes Geben über die eigene innere Überzeugung hinaus führt zu Frustration auf beiden Seiten durch aufkeimende Gefühle von Ausnutzung, Überforderung, Abhängigkeit, Genervtsein und Ähnliches. Wir geben in den wenigsten Fällen frei von Erwartung nur um des Gebens willen. Doch erst dann, wenn wir frei von Erwartung großzügig geben, werden wir erfahren, dass uns Dankbarkeit und Großzügigkeit im Außen widerfährt.

Das eigene Bild von Reichtum ist verantwortlich dafür, wie attraktiv Reichtum für Sie ist und wie sehr Sie diesen in Ihr eigenes Leben einladen und genießen können. Sie tun sich selbst etwas sehr Gutes, wenn Sie anderen Menschen ihr Geld und den Reichtum, den sie sich erschaffen haben, gönnen oder sich mit ihnen freuen. Auch das ist Geben, wenn Sie anstatt bisheriger Verachtung aufrichtige Anerkennung schenken können. Damit ebnen Sie sich selbst den Weg zu mehr Reichtum, frei von Angst vor Neid und Verachtung durch andere. Sie öffnen sich mit ganzem Herzen, großzügig all das anzunehmen, was Sie sich für Ihr Leben wünschen!

> Können Sie »loslassen«, um dem Neuen in Ihrem Leben Raum zu geben?

Das Leben können Sie nur in vollen Zügen annehmen, oder Sie leben es bruchstückhaft und verhindern damit vieles, was Sie verdienen. Wenn Sie geübt sind im Annehmen, wird auch Geld mit größter Selbstverständlichkeit bei Ihnen willkommen sein. Erfolg kann man nicht kalkulieren, aber er folgt, wenn Sie sich selbst folgen. Das tun Sie bereits, wenn Sie alles, was Ihnen innewohnt, annehmen und andere an Ihren Talenten, Fähigkeiten und Ihrem Sein teilhaben lassen, so dass Sie daraus Erfüllung und Wertschätzung erleben.

Wegweiser

Was fällt Ihnen noch schwer anzunehmen – an Unterstützung, Geschenken, Geld, Liebe ...?

Wovon würden Sie gerne noch viel mehr annehmen?

Glauben Sie, zuerst geben zu müssen oder stets mehr geben zu müssen?

Wem gegenüber können Sie die Wertschätzung, die Sie geben, noch vermehren?

Wo können Sie sich selbst noch keine aufrichtige Anerkennung geben?

Was können Sie heute noch gut geben – an guten Gedanken, Worten, Taten?

Welchen Dingen geben Sie wieder mehr Wert, indem Sie sie weitergeben?

Würde es Sie bereichern, großzügiger zu sein – im Geben wie im Nehmen?

Was können Sie tun, um in Zukunft noch mehr zu geben zu haben?

Wovon haben Sie mehr, indem Sie davon loslassen?

Nehmen Sie schon dankbar alles an, was Ihnen in Ihrem Leben gegeben ist?

Ethik als Erfolgsbasis

Wenn Sie von nun an mit jedem Schritt ein Stück emotionale wie finanzielle Freiheit und Stabilität gewinnen wollen, ist es wichtig, dass Sie sich selbst treu bleiben.

Achten Sie im Austausch mit anderen Menschen darauf, mit sich selbst und Ihren Gefühlen im Reinen zu sein. In bestehenden Partnerschaften und Geschäftsbeziehungen ist es wichtig, die eigenen Wertvorstellungen und Überzeugungen, denen man mit seiner getroffenen Entscheidung folgt, zu kommunizieren. Dies erfordert zunächst etwas mehr Zeit, sorgt allerdings auf beiden Seiten für Klarheit, mehr Verständnis und eine stabilere Beziehung. Vielleicht haben Sie selbst schon die Erfahrung gemacht, dass es sich in bestehenden Beziehungen nicht lohnt, klein beizugeben oder ein ungutes Gefühl zu verdrängen, weil das später zu Eskalation führt und dann aus einer banalen Auseinandersetzung ein großer Streit entflammen kann.

Spielen Sie ab heute in jeder Beziehung und bei jeder Transaktion mit offenen Karten, und verzichten Sie auf taktische und strategische Spielchen. Mit jeder Entscheidung, die nicht mit Ihnen im Einklang ist, müssen Sie leben. Verlangen Sie sich das ab, was Sie von anderen erwarten. Begegnen Sie in finanziellen Angelegenheiten den damit verbundenen Menschen so ehrlich, fair und aufrichtig, wie Sie

es für sich selbst nur können. Wenn Ihnen Ihr Wohlbefinden und langfristiges finanzielles Wohlergehen wichtig ist,
dann leben Sie Ihre eigene Ethik und seien Sie achtsam damit. Nicht nur aus wirtschaftlicher Berechnung, sondern
weil Sie wissen, dass es für Sie selbst wichtig ist.

Wenn Sie Ihre eigenen Werte verletzen, kann es gut sein,
dass Sie sich schuldig fühlen. So zum Beispiel, wenn Sie lü-
gen oder nicht ganz die Wahrheit sagen, obwohl Ehrlichkeit für Sie ein sehr hoher Wert ist. Vernachlässigen Sie Ihre
Werte auch nicht aus Angst vor Bestrafung, denn damit
vernachlässigen Sie ebenfalls nur Ihre eigenen Werte und
damit sich selbst, während Sie Ihren Ängsten noch mehr
Platz in Ihrem Leben einräumen.

Ethisches und menschliches Verhalten ist die Voraussetzung für fühlbaren inneren Reichtum und stabiles finanzielles Wachstum.

Natürlich können Sie versuchen, aus jedem Geschäft Ihren eigenen Gewinn zu schlagen. Aber ist es das, wodurch
Sie sich glücklich und reich fühlen?

Wirklich reich werden wir nicht dadurch, dass wir andere ärmer machen oder ihnen etwas wegnehmen, sondern
indem wir auch für andere eine Bereicherung sind und dadurch Wertschätzung, gute Beziehungen und Freude im
Miteinander entstehen.

> Ethisches Verhalten ist die Voraussetzung für
> stabiles Wachstum in jeder Beziehung!

Wahrer Reichtum beschert uns ein positives Lebensempfinden. Das erlangen wir nicht, solange wir zulasten anderer und gegen unsere eigene Ethik handeln. Auf einen guten
und für beide Seiten Gewinn bringenden Austausch in Beziehungen zu achten, bildet die gesunde Basis für eine lang

anhaltende positive Entwicklung in Beziehungen wie auch auf finanzieller Ebene. Das ist immer möglich, wenn wir es wollen. Ist Ihnen ein beiderseitiger Gewinn in Beziehungen wichtig? Möchten Sie die Qualität in Ihren Beziehungen verbessern, oder sind Sie nur auf Ihren eigenen sofortigen finanziellen Gewinn bedacht?

> Behandeln Sie andere so, wie Sie selbst gerne behandelt werden würden?

Sicherheitshalber sei erwähnt, dass das nicht heißt, nun finanzielle Abstriche in Kauf zu nehmen, um scheinbar eine Beziehung zu erhalten. Ganz im Gegenteil sollten Sie darauf achten, keinerlei faule Kompromisse einzugehen und stets so zu verhandeln, dass für alle Beteiligten ein stimmiger Austausch entsteht – also auch für Sie.

Geld zerstört keine Beziehung und kann umgekehrt auch keine Beziehung kitten. Engagieren Sie sich, wenn ein finanzieller Austausch zu Ihren Lasten geht. Ansonsten gefährden Sie fahrlässig und schleichend diese noch intakte Beziehung. Wenn Geld für Sie eine Bedeutung hat, dann setzten Sie sich für Ihr Geld ein. Und für diese Beziehung, in der »Geld« gerade der Knackpunkt zu sein scheint. Sie gewinnen Klarheit und wertvolle Erkenntnisse über das wahre Fundament und die Qualität dieser Beziehung.

Woher wissen Sie nun, ob Sie in Ihrem eigenen Sinne ethisch handeln? Sie können darüber stundenlang diskutieren und sich mit anderen austauschen. Vielleicht haben Sie hinterher eine klare Antwort oder sind zusätzlich verwirrt. Auch wenn Ihr Verstand keine Antwort hat, Sie fühlen, ob Ihre Handlung mit Ihnen selbst im Einklang ist. Es rührt sich kein Unwohlsein und keine Unruhe. Sie werden nicht in sich einsinken, sondern sich innerlich aufrichten. Wenn

Sie angesichts Ihrer Handlungen gerne in den Spiegel schauen und sich mit kindlicher Herzensfreude an dem erfreuen, was Sie sehen, dann sind Sie für sich auf einem guten Weg. Fühlen Sie es? Oder weichen Sie des Öfteren fühlbar von Ihrem Weg ab?

Achten Sie darauf, dass Sie bei Ihren Handlungen Freude erleben, vor sich selbst geradestehen und innerlich wachsen. Stabiles und erfüllendes finanzielles Wachstum erreichen Sie in dem Maße, in dem Sie es durch Ihr persönliches Wachstum bereits integriert haben.

Häufig werden zum Wohle des Geldverdienens persönliche Bedürfnisse untergeordnet. Dabei ist es wichtig, dass Sie sich leben und gut für Ihr Wohlbefinden sorgen. Dann sind Sie ganz in Ihrem Element, in Ihrer Begeisterung, und tun das, was Sie ohnehin gerne und gut tun. Sie erlangen nicht nur ein höheres Maß an Zufriedenheit und Authentizität, sondern gewinnen an Ausstrahlung und Energie, um Menschen, Partner, Kunden, Aufträge, Wertschätzung und damit Geld anzuziehen.

Es gibt Menschen, die nichts bewusst »tun« und einfach nur sich selbst folgen. Sie leben Ihre Begeisterung und verdienen dadurch mit Leichtigkeit viel Geld, Anerkennung und Liebe als erfolgreiche Musiker, Entertainer, Künstler, Unternehmer. Auf der anderen Seite gibt es viele Menschen, die angestrengt viel »tun«, weil sie glauben, sich Geld und Liebe erarbeiten zu müssen.

Tun Sie viel für Liebe in Ihrem Leben? Oder lieben Sie einfach? Verdienen Sie Ihr Geld, indem Sie viel dafür »tun«? Oder leben Sie einfach sich selbst? Sie können mit Geld weder fehlende Liebe in Ihrem Leben ersetzen noch an Selbstwert gewinnen oder Ihr Ansehen steigern. Das gelingt Ihnen nur in dem Maße, indem Sie sich selbst Anerkennung, Respekt und Liebe schenken. Sie können sich dieses Geschenk sofort machen – ohne auch nur einen Euro dafür zu bezahlen. Tun Sie es? Oder tun Sie noch viel nur für Geld?

Ihr menschliches und ethisches Verhalten sind Ihr langfristiger Erfolgsgarant. Bevor Sie sich nur um mehr Geld kümmern, sorgen Sie für eine gute Beziehung zu sich selbst und zu anderen. Dann genießen Sie in Ihrem Leben reichlich Lebensfreude, gute Beziehungen und einen gesunden Geldfluss.

Wegweiser

Welches sind Ihre ethischen Werte und Überzeugungen?

Was begeistert Sie?

Setzen Sie Ihr Geld im Sinne Ihrer Werte und Überzeugungen ein?

Freuen Sie sich, wenn Sie sich selbst im Spiegel erblicken?

Welche Beweggründe halten Sie eventuell noch davon ab, stets sich selbst treu zu bleiben?

Welchen Einfluss hat Geld auf die Beziehungen in Ihrem Leben?

Behandeln Sie andere Menschen so, dass Sie selbst stolz auf sich sind?

Falls eine Beziehung in Ihrem Leben schon einmal an »Geld« gescheitert ist, was war der wahre Grund für das Scheitern dieser Beziehung?

Achten Sie auch in Geschäftsbeziehungen auf einen stimmigen Austausch und einen hohen Mehrwert für Ihre Geschäftspartner?

Wann haben Sie sich zuletzt – auch entgegen Meinungen anderer – mutig für Ihre Überzeugungen eingesetzt?

Zu welcher Geldethik leisten Sie Ihren Beitrag?

Welchen Umgang im Miteinander wünschen Sie sich?

Zur Mitte

Ein Leben ohne Mitte ist nicht erstrebenswert, weder für uns als Gesellschaft noch für uns als einzelne Menschen. In der Vergangenheit waren wir unachtsam mit unserer Mitte. So leben wir bereits in immer größerer Trennung voneinander und bekommen den Verlust der Mitte zu spüren. Es gibt immer weniger reiche Menschen, die dafür umso mehr Reichtum genießen. Sie ernten für alles, was sie an finanziellem Beitrag für die Gemeinschaft leisten, nicht die Anerkennung, die sie verdienen. Sie ziehen stattdessen zunehmend den Unmut von immer mehr Menschen auf sich, die durch ihren eigenen finanziellen Engpass neidisch und wütend sind. Wir leisten den scheinbar Schwächeren nicht nur gezielt Hilfe zur Selbsthilfe, sondern gewähren dauerhafte staatliche Zuwendungen, die jede Motivation rauben und den Glauben an das eigene Unvermögen bestätigen. Wir haben ein Bewertungssystem, das belohnt und bestraft. Wir kultivieren großzügig unser Armutsbewusstsein, indem wir das Wachstum auf dem Weg zu mehr Wohlstand und das Reichsein bestrafen, anstatt erstrebenswerte Anreize zu schaffen. Wir halten die Kleinen klein und die Großen auch. Die Großen, denen das nicht passt, wandern aus. Spätestens dadurch sind wir alle ein großes Stück kleiner geworden.

Indem wir nehmen, ohne dankbar zu sein, oder uns ärgern, dass es immer noch nicht reicht, erleben wir anstatt

Dankbarkeit nur Unzufriedenheit. Wenn wir geben, ohne Dankbarkeit zu erhalten oder gar Unmut ernten, bringt uns das ebenfalls in Missstimmung. Mit dieser Art zu geben und zu nehmen werden auf beiden Seiten destruktive Gefühle geschürt, mit denen wir uns negativ programmieren und negative Resultate bewirken. Erst indem wir mehr Verständnis füreinander entwickeln und dankbar und gerne annehmen und geben, werden wir größeres gemeinsames Wachstum bewirken.

Solange wir auf die Politik, die Wirtschaftslage, die Unternehmen und alle sonstigen Sündenböcke schimpfen, tun wir eines nicht: selbst die Verantwortung für uns tragen, für unsere Situation und unser Leben. Wir sind nicht unschuldig, denn wir sind selbst verantwortlich für alle unsere Handlungen und unser Leben. Wir sind alles andere als hilflos. Wir haben unsere Macht, wenn wir unserer selbst mächtig sind. Uns sind keine anderen Grenzen gesetzt als die, die wir uns selbst setzen.

> Eine Gesellschaft ohne ihre Mitte bricht auseinander!

Was uns in unserem Leiden hält, ist die Angst vor dem Übergang zu einer neuen gemeinsamen Entwicklung. Übergangsphasen sind immer schmerzhaft – wie bei jeder Geburt. So ist es verständlich, dass es leichter erscheint, die Augen zu verschließen, anstatt das zu sehen, was allzu offensichtlich ist: Unser bestehendes System ist nicht dauerhaft tragbar. Leere Staatskassen, eine Staatsverschuldung in Schwindel erregender Höhe und darauf anfallende Zinsen erfordern ständiges Wachstum und damit eine endlose Steigerung unserer Wirtschaftskraft. So müssen wir uns ein Wachstum abverlangen, das es in dieser Weise in der Natur nicht gibt und auch nicht geben kann. Jedes natürliche

Wachstum genießt Regenerationsphasen, so dass daraus wieder Neues entstehen kann. Wir hoffen auf ein Wunder, um mit dem Ausmaß unserer Situation nicht konfrontiert zu werden. Doch nur hoffen ist fatal. Es hält uns davon ab, die Probleme sofort anzupacken, um sie effizient und nachhaltig zu lösen.

Stabiles finanzielles Wachstum kann nicht ohne das dazugehörige menschliche Wachstum geschehen. Solange wir nur unserer Profitgier folgen, sind wir noch unseren Existenzängsten erlegen. Erst frei von diesen Begrenzungen sind wir frei, uns selbst zu folgen und ein fühlbar freies Leben zu führen. Solange nur wenige Menschen von Entwicklungen profitieren, wird es auf der anderen Seite immer viele Menschen geben, die auf der Strecke bleiben, wodurch neue Probleme aufgeworfen werden. Erst wenn wir gemeinsam wachsen, werden wir nicht nur finanziellen Reichtum, sondern auch ein viel höheres Maß an menschlichem Glück erleben.

Was tun Sie, um in Ihrer Mitte zu sein?

Die meisten unserer Lebensziele stehen mit unserer Mitte in Verbindung. Wenn Sie sich eine glückliche Familie wünschen, dann erfordert auch das eine gesunde Balance innerhalb Ihres Familiensystems. Erst wenn Sie ein ausgewogenes Verhältnis zwischen Arbeitseinsatz und freier Zeit genießen, erleben Sie mehr Ausgeglichenheit als andauernden Stress, der auch innerhalb der Familie zu Anspannung führt. In einer glücklichen Familie finden alle Familienmitglieder Berücksichtigung, so dass Ruhe einkehrt und niemand mehr um sein Recht kämpfen und durch auffälliges Verhalten Unfrieden stiften muss. In einer glücklichen Familie besteht eine aufrichtige Verbindung zwischen Menschen, die trotz aller Auseinandersetzungen und Reibungen immer wieder zu einem gemeinsamen Nenner zurück-führt. Sie nährt ihr Glück dadurch, dass gegenseitige Wertschätzung, Anerkennung und Liebe fließen. All das erwächst aus unserer Mitte.

Wenn Sie sich mehr Erfolg wünschen, dann werden Sie auch das nicht ohne Ihre gesunde und für Ausgleich sorgende Mitte schaffen. Sie können sich Ihren Erfolg erarbeiten. Doch wenn Sie über einen zu langen Zeitraum angespannt und gestresst arbeiten, dann wird Ihr Körper Ihnen seine Kräfte versagen. Wenn Sie dagegen nur faul auf dem Sofa liegen, wird Sie Ihr Erfolg auch nicht gerade dort abholen. Erst in gesunder Balance zwischen erfolgsorientiertem Einsatz und verdienten Ruhe- und Regenerationsphasen sind Sie dauerhaft leistungsfähig und für Ihren Erfolg gerüstet.

Wenn sich Ihr Leben nur noch um Geld dreht, dann machen Sie sich Ihr Leben selbst unnötig schwer. Wenn Sie Geld verachten, dann kreieren Sie finanzielle Probleme, durch die Ihr Leben keinesfalls leichter wird. Frei von Überbewertung und Ablehnung erreichen Sie Ihre Ziele mit Leichtigkeit. Wenn Sie in Ihrer Leichtigkeit sind, dann sind Sie garantiert in Ihrer Mitte. Sobald Sie in Ihrer Mitte sind, erleben Sie innere Stärke, Ausgeglichenheit, Ruhe und ein hohes Maß an Frieden.

Ein Mensch ohne seine körperliche Mitte kann nicht mehr als Mensch existieren. Eine Gesellschaft ohne ihre Mitte kann das genauso wenig. Sie besteht dann nicht mehr als eine Einheit, sondern nur noch als voneinander getrennte Teile, denen der Zugang zueinander fehlt. Es wird keine Gewinn bringende Lösung sein, sich auf die scheinbar bessere Seite einer gespaltenen Gesellschaft zu schlagen, denn durch den Verlust der Mitte verlieren wir alle. Die Mitte ist die gesunde Grundlage für größeres Wachstum. Sie sorgt für Ausgewogenheit, sie verbindet getrennte

Teile und schafft ein größeres Ganzes und eine breite Vielfalt. Die Stabilität der Mitte in unserer Gesellschaft und Unternehmenslandschaft ist für uns alle wichtig, denn dadurch genießen wir alle Facetten unserer Gemeinschaft, erleben Menschlichkeit und Verständnis und können mit größerer innerer Kraft Probleme nachhaltig lösen.

Gleich welche Herausforderung wir in finanzieller Hinsicht zu meistern haben, sie wird zu unserem Besten sein und uns in unserem inneren Wachstum fördern. Krisen beinhalten in jeder Beziehung Wachstumschancen. Auch wir sind in der vergangenen wirtschaftlichen Krise gewachsen. Unser Gemeinschaftsgefühl und die Offenheit für Kooperationen und Netzwerke verschiedenster Art sind in den letzten Jahren enorm gestiegen. Ein Wert, den wir bereits unserer »Krise« zu verdanken haben. Auch zeigt sich in besonders herausfordernden Situationen, wie wir tatsächlich über Geld, Besitz und Reichtum denken. Wir verfügen dann über ein hohes Maß an Reichtumsbewusstsein, wenn wir gelassen in unserer Mitte bleiben und uns immer wieder zuversichtlich auf unsere Zukunft einstellen.

Wir entscheiden, wozu wir mit unserem Geld beitragen und was wir wirklich wachsen lassen wollen in unserem Leben und in unserer Welt. Niemand wird uns eine finanziell und menschlich reichere Welt bereiten, wenn wir nicht unseren eigenen Beitrag dazu leisten. Dann erst kann auch unser Geld all das unterstützen, was wir uns wünschen: weil wir unser Geld dafür einsetzen.

Nur wir selbst können den Anfang machen für menschliches Miteinander im Umgang mit Geld – dankbar und wertschätzend.

Wegweiser

Was tun Sie für Ihren körperlichen und seelischen Ausgleich?

Wo können Sie in Ihrem direkten Umfeld ausgleichend wirken?

Geben Sie dankbar und gerne Ihren Teil von Ihrem Reichtum für die Gemeinschaft?

Wissen Sie die Leistungen zu schätzen, die uns als Gemeinschaft zugute kommen?

Können Sie den Menschen mehr Wertschätzung geben, welche die Unterstützung der Gemeinschaft benötigen?

Können Sie auch den Menschen mehr Anerkennung geben, die bereits mehr Geld haben als Sie selbst?

Worauf reagieren Sie eifersüchtig, neidisch oder vorwurfsvoll – und was macht das mit Ihnen?

Sind Sie es sich wert, Eifersucht, Neid und Vorwürfe loszulassen?

Was stärkt Sie darin, gezielt das zu erreichen, was Sie wirklich haben wollen?

Wie fühlt es sich für Sie an, wenn Sie in Ihrer Mitte ruhen?

Hoffnungsträger nächste Generation

Sie ist unsere Hoffnung, die heranwachsende nächste Generation. Sie soll unser Rentensystem stützen, das soziale Netz flicken, mit unseren Schulden besser zurechtkommen als wir und irgendwie die Entschuldung unseres Staates bewältigen. Wir dürfen uns nicht darüber wundern, wenn unser hoffnungsvoller Nachwuchs wegen mangelnder persönlicher und beruflicher Perspektiven und in Panik vor all der Verantwortung, die Gesellschaft zu retten, sich gleich selbst ins Rettungsnetz fallen lässt ... falls dann noch jemand da ist, der es überhaupt hält.

Ende der 50er Jahre erst entstand unter Bundeskanzler Adenauer unser heutiges Rentensystem, das heute bereits zum Scheitern verurteilt ist. Zugunsten des eigenen Machterhalts wurden damals Rentenversprechen und Ausgaben geleistet, für die fortan einfach die nächste Generation aufzukommen hatte. Generationenvertrag nennt man deshalb dieses Konstrukt, dem allerdings keiner aus der damals noch nicht existenten nächsten Generation zustimmen konnte. Seither bürdet man der nächsten Generation immer höhere Belastungen auf. Wie immer weniger junge Menschen eine immer älter werdende Gesellschaft mittragen sollen, bleibt ein unlösbares mathematisches Rätsel.

Rentner sind politisch zunehmend relevant, Kinder sind es in der jeweils aktuellen Legislaturperiode nicht. Rentner wählen die Partei, die ihre Ansprüche bestmöglich vertritt. Doch die Renten werden durch eine jüngere leistungsfähige Generation gewährleistet, die diese Renten sichern soll. Es ist also im Interesse aller, wenn wir den Jüngsten in unserem Lande die besten Perspektiven und Möglichkeiten eröffnen. Doch aus Angst vor der eigenen finanziellen Misere neigen wir dazu, die eigenen Interessen zu verteidigen. So ist es das Resultat unserer Angst, dass wir immer mehr zu Einzelkämpfern werden und gesamtgesellschaftliche Lösungsansätze damit verhindern.

> Gemeinschaften werden gemeinsam geschaffen!

Unseren Kindern nehmen wir ständig ein Stück ihrer Grundlage weg. Die Verschuldung jedes neugeborenen Babys liegt bereits im fünfstelligen Bereich, obwohl dieses Wesen noch gar keine Gelegenheit hatte, eigene Schulden zu produzieren! Auch müssen sich Kinder in unserer Gesellschaft »rechnen«, und so investieren wir nur verhalten, um unserem Nachwuchs eine optimale Entwicklung und Bildung zu sichern. Für unsere Kinder dagegen rechnet sich das, was wir ihnen als Erbschaft hinterlassen, schon längst nicht mehr.

Unsere Kinder sind Luxus, denn sie kosten viel Geld. In jungen Familien müssen häufig beide Eltern arbeiten, so dass in der Schulzeit Probleme auftreten, wenn die Kinder zeitlich nicht ausreichend von den Eltern begleitet werden können. Andernfalls entsteht durch den Gehaltsausfall eines Elternteils zugunsten der Kindererziehung ein finanzieller Engpass, der wenig Raum lässt für die Förderung der individuellen Talente des Kindes.

Es stellt sich die Frage, welchen Wert diese heranwachsende Generation für uns hat. Was sind wir bereit zu geben, um ihnen ein stabiles Fundament zu schaffen? Wir können nicht einfach unseren Nachkommen unsere finanziellen Probleme überlassen, sondern müssen sie selbst angehen. Unseren Nachkommen gilt es zu vermitteln, wie sie ihre eigenen Herausforderungen erfolgreich meistern können. Wir können unseren Kindern lebenswerte Werte vermitteln, so dass sie mehr Liebe, Lebensfreude und Zufriedenheit erfahren. Aus all unseren Fehlern können wir wertvolle Erkenntnisse ableiten, wie es besser gehen könnte. Wir haben ausreichend Erfahrungswerte weiterzugeben, insbesondere aus dem eigenen Umgang mit Geld.

Solange wir nicht offen und ehrlich das Thema Geld und unsere Werte in den Mittelpunkt stellen, lassen wir es zu, dass unsere Kinder auf anderen Wegen zu sehr fragwürdigen Überzeugungen gelangen. Früher waren Jugendliche stolz, wenn sie sich etwas kaufen konnten, auf das sie lange hingespart hatten. Heute prahlen Jugendliche damit, etwas »Geiles« für ein paar Euro ergattert zu haben. »Man ist halt, was man hat.« In der jüngeren Generation scheitern Freundschaften deshalb nicht erst bei auftretenden Geldstreitigkeiten, sondern bereits aufgrund des Status, den jemand verkörpert, und aufgrund dessen, was er sich leisten kann. Geiz ist zusätzlich für so manche Freundschaft eine harte Bewährungsprobe, wenn keine gegenseitige Wertschätzung mehr fließt.

Wo soll die nächste Generation Wertschätzung, Vertrauen und Zusammenhalt erfahren, wenn wir dies nicht vorleben?

Geld hat eine hohe Bedeutung in unserem Leben. So ist es verwunderlich, dass das Thema Geld in Schulen nicht behandelt wird, obwohl es für jedes Kind einmal das Mittel für seine eigene Existenzsicherung sein wird. Neben der schulischen Wissensbildung sollten Kinder von Anfang an in ihrer sozialen und persönlichen Entwicklung optimal unterstützt sein. Dafür ist es förderlich, Kindern ihre eigenen Fortschritte bewusst zu machen und ihren natürlichen Weiterentwicklungsdrang zu unterstützen, statt sie vorwiegend auf ihre Fehler hinzuweisen. Dies prägt genau das mangelnde Bewusstsein der eigenen Leistungen und Fortschritte sowie die Fehlerorientierung, die die meisten von uns gut kennen: Wir sehen sofort das, was fehlt, was noch zu verbessern wäre, was besser sein müsste. Angestrengt bemühen wir uns um Perfektion, während wir den Blick auf alles, was schon erreicht ist, achtlos missachten. Wir vergessen uns zu loben, denn zu selbstverständlich ist all das Erreichte. Konzentriert auf das, was fehlt und mangelt, leben wir im Mangel und der damit verbundenen Unzufriedenheit.

Meine Tochter konnte nach ihrer Einschulung in kurzer Zeit bereits lesen und schreiben. Doch während ich Freudensprünge angesichts ihres ersten Diktats machte, schaute mich meine sechsjährige Tochter verständnislos an: »Aber Mama, so toll ist das doch gar nicht. Schau, ich hab sechs Fehler!«

Ein gesundes Selbstwertgefühl ist für die Entwicklung des Kindes genauso wertvoll wie für den sich daraus entwickelnden gesunden Umgang mit Geld. Das setzt voraus, dass jedes Kind unabhängig von materiellen Statussymbolen ein gesundes Selbstwertgefühl entwickeln kann und um seine Talente und Fähigkeiten weiß. Darauf aufbauend kann sich ein Kind umso mehr auf sinnvolle und produktive Weise in eine Gemeinschaft einbringen, je mehr es sich in seiner Individualität bereits entfaltet hat.

Kinder wie Jugendliche sollten in der Schule aufgefordert sein, mit den bestehenden sozialen Unterschieden umgehen zu lernen und Verständnis füreinander zu entwickeln. Stattdessen erfahren Kinder Ablehnung aufgrund ihres sozialen Status, auf den sie als Kind keinerlei Einfluss haben. Kinder aus ärmeren Familien werden abgelehnt, und umgekehrt werden Kinder aus sehr wohlhabenden Familien als arrogant eingestuft. Dabei verhalten sich Kinder anderen Menschen gegenüber offen und vorurteilsfrei – so lange, bis sie durch uns und unsere Gesellschaft lernen, wer oder was besser oder schlechter, richtig oder falsch, wertvoll oder wertlos ist.

Viele Kinder fühlen sich zum Beispiel nicht um ihrer selbst willen von anderen anerkannt oder erfahren elterliche Liebe durch den Kauf teurer Geschenke. Sie leiden nicht unter einem finanziellen Mangel, sondern unter fehlender emotionaler Nähe und Geborgenheit. Es ist deshalb wichtig, dass wir Kindern ermöglichen, einander unabhängig von materiellen Werten von Mensch zu Mensch zu begegnen. Kinder könnten dann voneinander lernen, was es heißt, kein Geld zu haben, und wie sehr sich das in ihrem Leben auswirkt. Genauso dürften sie erfahren, welche Herausforderungen viel Geld mit sich bringt. Kinder erleben dann, dass sie ähnliche Probleme teilen und dass sie sich als Menschen sympathisch sind. Dann ist vorhandene Sympathie und menschliche Verbundenheit für jedes Kind spürbar: unabhängig von Geld, Besitz und Status.

Die Förderung von Teamgeist und Gemeinschaftsgefühl ist nicht nur unter sozialen Aspekten für Kinder wichtig, sondern jetzt schon die Basis für das stabile finanzielle Wachstum auf ihrem späteren Berufsweg.

> Wir sind die Basis des Reichtums, den wir haben und der nächsten Generation weitergeben.

Mit einfachsten Mitteln können wir Kindern ermöglichen, sich in einer integrierten Klassengemeinschaft wohlzufühlen und voneinander zu lernen. Je harmonischer das schulische Klima für ein Kind ist, umso mehr kann es sich darin frei entfalten und seine schulischen Leistungen mit Leichtigkeit verbessern.

Kinder und Jugendliche sollten in der Schule die Möglichkeit haben, sich offen über Geld auszutauschen. Besonders in der Pubertät verändert sich für einen jungen Menschen vieles. Er erlebt in engen bestehenden Beziehungen eine starke Veränderung, sowohl zu sich selbst und seinem eigenen Körper als auch in der Beziehung zu Vater und Mutter. Hier verstärken sich Prägungen, die auf die Beziehung zu Geld Einfluss haben, bzw. zeigt sich die Veränderung der eigenen Beziehung zu Geld. Für viele ist der Kauf einer neuen Hose bis dahin eine Selbstverständlichkeit. Doch mit dem ersten eigenen Geld erfahren sie, dass man beispielsweise sehr lange Zeitungen austragen muss, um sich genau diese Hose kaufen zu können. Das Erleben einer völlig neuen Relation zu Geld führt bei vielen Jugendlichen zu großer Verunsicherung, und so ist es besonders in dieser Zeit wichtig, Teenagern den Zugang zu diesem Thema zu erleichtern. Ähnlich wie im Sexualkundeunterricht brauchen sie Aufklärung, einen festen Rahmen, in dem sie sich mitteilen und austauschen und dadurch an Sicherheit gewinnen können.

Ein zu großer Druck auf zu erbringende schulische Leistungen untergräbt ein gesundes Selbstwertempfinden. Ein Mensch ist niemals nur die Summe seiner Noten oder seiner Leistung, sondern all das, was er als Mensch ist. Jeder Mensch ist auch die Summe seiner Möglichkeiten – unabhängig von seiner Schulbildung und von Schulnoten.

Kinder verfügen über viele Qualitäten, die es zu bewahren gilt – und die ihnen im Hinblick auf eine gesunde Beziehung zu Geld schon in die Wiege gelegt wurden. Kinder können noch miteinander streiten und nach jedem Streit wieder die besten Freunde sein. Das gilt zumindest solange wir diesen Prozess nicht mit »Man streitet nicht« unterbrechen, während wir parallel Streit täglich vorleben oder unterschwellig schmollen. Kinder zeigen ehrliches Mitgefühl, indem sie mit dem anderen mitfühlen, anstatt mit weisen Worten jede emotionale Begegnung zu vermeiden. Kinder können gemeinsam trauern, Freude miteinander teilen und das Leben genießen. Kinder haben noch die Unbeschwertheit, die für einen unbeschwerten Umgang mit Geld erforderlich ist. Kinder leben im Hier und Jetzt, ohne je ein »Jetzt«-Buch gelesen zu haben. Und Kinder sind brillante Verkäufer, ohne sich dessen bewusst zu sein, einfach indem sie andere mit ihrer eigenen Begeisterung unweigerlich anstecken.

Indem wir das Thema Geld zu etwas ganz Selbstverständlichem für unsere Kinder machen, unterstützen wir sie gezielt in ihrem eigenständigen, achtsamen und freudvollem Umgang mit Geld – ein Gewinn, der ihr gesamtes Leben erleichtern und bereichern wird. Wenn sie frühzeitig lernen, auf einen guten Austausch in Beziehungen zu achten, dann werden sie nicht nur finanziell beständig wachsen, sondern auch Freude und Genuss im Umgang mit Geld erfahren – neben dem Gewinn vieler guter Beziehungen. Für unsere Kinder könnte der bewusste und nachhaltig gesunde Umgang mit Geld dann eine Selbstverständlichkeit sein.

Das verlangt nicht sehr viel Einsatz und auch nicht viel Geld. Es erfordert in erster Linie unsere Wertschätzung für diese heranwachsende nächste Generation. Es stellt sich die Frage, inwieweit uns eine solche Weiterentwicklung in unserer Gesellschaft jetzt schon ein wichtiges Bedürfnis ist. Wir haben die Möglichkeit, für uns und unsere Kinder eine Welt mit zu gestalten, in der sich Menschen vernetzen und verbreiteter Reichtum vielen Menschen zugute kommt. Losgelöst von Grenzen können unsere Kinder die bestehenden Herausforderungen und Umweltbelastungen gemeinsam lösen. Diesem Ziel kommen wir nicht näher, wenn wir uns weiterhin in dem Bestreben nach schnellem finanziellem Gewinn auf Einsparungen konzentrieren und unsere Möglichkeiten begrenzen.

> Für welche Zukunft leisten Sie Ihren Beitrag?

Wir tragen selbst dazu bei, ob Menschlichkeit im Umgang mit Geld und breiter Wohlstand ein erstrebenswertes Ziel für uns und unsere Nachkommen ist. Daraus eröffnen sich jedem Einzelnen viele neue Chancen für die eigene Zukunft und zusätzlicher Reichtum. Ganz gleich, was wir der nächsten wertvollen Generation vorleben: Wir sind heute das Fundament für das, was wir und unsere Nachkommen in Zukunft haben werden.

Wegweiser

Wie wollten Sie schon als Kind sein? Wie sollten Sie sein und wie durften Sie nicht sein?

Welche Qualitäten haben Sie sich bewahrt, die Sie schon als Kind hatten?

Was haben Sie schon als Kind bewundert?

Worin sind Sie heute ein Vorbild?

Was vermitteln Sie mit Ihrem eigenen Umgang mit Geld?

Liegen Ihnen Kinder am Herzen?

Wie und womit können Sie jüngeren Menschen eine Unterstützung sein?

Was haben Sie an Erfahrungen und Erkenntnissen weiterzugeben?

Was wünschen Sie unseren Kindern und denen, die noch geboren werden?

Was können Sie tun, damit dieser Wunsch in Erfüllung geht?

Preiskriege oder
finanzieller Frieden

Gesundes nachhaltiges Wachstum, welches uns allen mehr Reichtum und Freude beschert, wird nie aus Kämpfen oder gar Kriegen hervorgehen. Dennoch werden wir als Menschen nie gefeit sein, diesem Gedanken immer wieder zu verfallen. Aktuelle Preiskriege sind ein Beleg dafür. Worte wie »Preiskriege« und »Kampfpreise« sind uns auf der Suche nach billigen Preisen vertraut geworden.

Anstatt aus gesundem Vertrauen selbstbewusst unser Wachstum zu entfalten, bekriegen wir uns gegenseitig, fürchten als Unternehmer die Konkurrenz und konzentrieren uns darauf, uns gegenseitig klein zu halten. Der Gedanke an Wachstum leitet uns dabei nicht, denn es geht erst einmal um das eigene Überleben.

Käufer unterstützen Preiskriege, in denen mit Kampfpreisen in die Schlacht gezogen wird. Bisher haben wir uns im »Kampf David gegen Goliath« auf die Seite des Stärkeren geschlagen. Wir wälzen die Angebotsblättchen der Großanbieter so lange, bis wir dem billigsten Anbieter unseren Zuschlag geben. Wir schlagen uns auf die Seite der Starken und stärken sie tatkräftig aus der eigenen Überzeugung, dass es sonst für uns selbst nicht reichen könnte. Von Ängsten getrieben, kaufen wir billige Ware und meiden den Händler unseres bisherigen Vertrauens. Wir handeln gegen das, was uns unsere eigene Ethik und auch unser gesunder Menschenverstand abverlangen würden.

> Preiskriege sind Kriege, in denen jeder Einzelne von uns verliert.

Die Worte von »Krieg« und »Kampf« bei Preisen prallen an uns ab. Es geht nur um Preise und nicht um wahren »Krieg« oder »Kampf«. Nun, ich könnte Preiskriegsberichterstatter sein. Ich könnte die genauen Zahlen liefern, wie viele Existenzen bereits in diesem Preiskrieg gefallen sind, wie viele Menschen verzweifelt kämpfen oder schon finanziell verbluten, wie viele Beziehungen, Partnerschaften und Ehen zerbrochen sind und wie viele Kinder damit die Geborgenheit ihrer Familie und ihr Zuhause verloren haben … Aber was würde das bewirken? Zum Beispiel in Ihnen? Würden Sie Ihre Augen dafür öffnen? Würde es Ihre Gedanken bewegen und Ihr Handeln verändern?

Wenn ich meine Großeltern fragte, wie es jemals zu einem Krieg kommen konnte, dann sagten sie: »Wir waren jung und wir waren dumm. Wir wollten daran glauben, dass es die schnelle Lösung aus der Krise sein würde, und wir wollten die Wahrheit nicht wahrhaben.« In der Vergangenheit waren es tatsächlich immer wieder Kriege, die zu der notwendigen Geldvernichtung und Entwertung geführt haben und die Grundlage für ein neues Geldsystem entstehen ließen. Es bleibt zu hoffen, dass es nicht noch einmal so sein wird.

Unser Geldsystem ist heute das, was wir daraus gemacht haben. Es ist nicht absehbar, wohin es noch führt. Aber es ist äußerst wahrscheinlich, dass es auf der bestehenden Grundlage nicht endlos weiterfunktionieren wird. Für unsere Probleme gibt es keine schnelle und bequeme Übernachtlösung, und es ist auch gut, wenn es niemanden gibt, der uns das vorgaukelt. Denn dadurch haben wir die Gelegenheit, uns den Herausforderungen zu stellen und in der bestehenden Krise zu wachsen – jeder für sich und wir als Gemeinschaft.

Unsere menschlichen Werte und Ideale haben jetzt die Chance, eine Renaissance zu erleben. Denn wie uns die Geschichte lehrt, haben wir in extremen Notsituationen doch immer zusammengehalten, uns gegenseitig unterstützt und gemeinsam die Scherben aufgesammelt. Dann haben wir selbst aus »nichts« etwas gemacht.

Wir haben immer eine Wahl. Wenn wir heute eine neue Wahl treffen, dann heißt das nicht, dass wir uns in der Vergangenheit falsch entschieden haben. Da wir ständig wachsen und uns unaufhaltsam weiterentwickeln und heute andere Entscheidungsgrundlagen gegeben sind, lohnt es sich, seine Wahl und seine Handlungen den aktuellen Bedingungen und Möglichkeiten anzupassen – noch einmal ganz neu und nachhaltig zu denken. Wir können mit unserer Nachfrage mächtige Konzerne stärken oder die Vielzahl kleiner Unternehmen. Wir können Kriege unterstützen oder Frieden. Welche Wahl treffen Sie mit Ihrem Geld?

| Geben Sie Ihr Geld gerne anderen Menschen?

Indem wir Geld bewusst durch möglichst viele Hände wandern lassen, werden auch viele Menschen davon profitieren. Und wenn wir Geld in unsere Wünsche und Werte investieren, dann wird es morgen anders investiert und breiter gestreut sein, als es heute noch der Fall ist. Welche Welt würden wir haben, wenn wir unser Geld stets für das geben, wovon wir aus tiefstem Herzen überzeugt sind?

Wenn ein neues Geldsystem »besser« werden soll als unser heutiges Geldsystem, dann setzt das voraus, dass wir besser mit unserem Geld umgehen. Dafür ist es wichtig, dass wir uns gerne mit Geld beschäftigen, dass wir unsere negativen Prägungen, Überbewertungen oder Abwertungen loslassen und Klarheit über unsere Werte besitzen. Wie wichtig ist uns unsere körperliche, geistige und seelische Gesundheit? Wie wertvoll ist uns eine gesunde Natur, die unser Überleben sichert? Wie wichtig sind die Menschen in unserem Leben? Wie wichtig ist Besitz? Was ist wichtig zu besitzen? Welche Ideale haben wir?

Je achtsamer wir sind, umso achtsamer wird auch unser Umgang mit Geld sein. Je wertbewusster wir denken, umso wertbewusster werden wir handeln und Werte wachsen lassen. Je mehr wir dankbar all das genießen, was wir haben, umso weniger Mangel werden wir erleben – und umso mehr Genuss und Dankbarkeit. Wenn Geld mehr Menschen zugute kommen und gerechter verteilt sein soll, dann dürfen wir zu dieser Verteilung unseren Beitrag leisten und Geld mehr Menschen zukommen lassen. Je mehr Herausforderungen wir ohne Unmut annehmen, umso mehr Herausforderungen werden wir erfolgreich meistern und daran wachsen. Wenn wir uns nicht über scheinbare Ungerechtigkeiten beschweren, sondern uns die Freiheit schenken, davon frei zu sein, werden wir mehr Freiheit und Frieden in uns selbst spüren. Wenn wir unsere Verachtung von Reichtum und reichen Menschen ablegen, werden wir gesunden Reichtum in unser aller Leben integrieren. Wenn wir uns Menschen wünschen, die auch im Umgang mit Geld aus Herz und Verstand heraus handeln, dann dürfen wir anfangen und weitermachen, unser eigenes Geld mit Verstand und Herz einzusetzen.

Wir können die Lebenswerte unterstützen, die uns wirklich wichtig sind und die unser Leben fühlbar bereichern.

Und wir können gesunde Beziehungen leben und uns beweisen, dass Gemeinschaften funktionieren – nicht erst dann, wenn sie es müssen.

Wegweiser

Sind Sie mit Preiskriegen konfrontiert?

Stehen Sie zu Ihrem Preis?

Wie sehr sind Sie mit sich selbst im Frieden?

Wünschen Sie sich Frieden?

Sind Sie bereit, mehr zu verdienen und mehr zu bezahlen?

Wie können Sie gemeinsam mit anderen kraftvoller wachsen?

Wie würden Sie Ihr Geld einsetzen, wenn Sie mehr Geld hätten?

Ist Geld Ihnen wichtig genug, so dass Sie gerne Ihren eigenen Einfluss erhöhen?

Geben Sie Ihr Geld gerne anderen Menschen?

Geben Sie Ihr Geld schon aus ganzem Herzen und mit Freude, wenn Sie es geben?

Was können Sie tun, um Geld und diese Welt ein Stück menschlicher zu machen?

Krisen und Wachstumschancen

»Krise« ist fester Bestandteil unseres Wortschatzes geworden.

Doch was ist darunter zu verstehen? Ist eine »Finanzkrise« eine durch »Finanzen« bewirkte Krise, die entsprechend danach benannt wurde? Oder ist es eine durch Menschen geschaffene Krise? Also eventuell eine Menschenkrise? Eine Wertekrise? Eine Sinnkrise?

Da unser Geld nicht eigenmächtig handelt, ist jede finanzielle Situation direkte Konsequenz unseres eigenen Handelns. Eine Geld- oder Finanzkrise entsteht also nicht durch »Finanzen« oder durch Geld an sich, sondern durch unseren Umgang mit dem Geld. Eine »Finanzkrise« ist somit Ausdruck unserer krisenhaften Beziehung zu Geld. Insofern haben wir genauer gesagt eine Beziehungskrise – mit Geld. Ohne uns bisher bewusst gewesen zu sein, dass wir eine Beziehung zu Geld haben. Das genau mag der Grund sein, weshalb sich uns nun die Krise so deutlich offenbart.

Wann genau haben wir denn »eine Krise«? Und woran merken wir das? Gesunde Menschen gestalten ihr Leben krank, problemorientiert, hektisch und gestresst und vergessen ihr Leben zu genießen. Kranke Menschen lernen durch Krankheit ihr Leben gesünder zu gestalten, zu schätzen und intensiver zu leben. Wann ist die Krise? Wenn sich die Krankheit klar zeigt? Oder schon lange davor, als scheinbar alles gesund war?

Spürbar ist, dass sich viele Menschen in einer Krise »befinden«. So werden Zwänge und Ängste weiter geschürt, aus denen heraus der Beitrag geleistet wird, mit dem die herbeigedachte, herbeigeredete Krise auch real an Ausmaß gewinnt. Die Ursache der Krise liegt nicht in der Krise, sondern weit zurück. Und in uns selbst. So wie Krankheiten als Folge eines ungesunden Umgangs mit sich selbst entstehen, erwachsen Finanzkrisen aus einem ungesunden, krankhaften Umgang mit Geld. Nicht ausschließlich Profitgier ist ungesund für ein Geldsystem, sondern genauso die Ablehnung eventuell gesünder denkender Menschen, die sich an Geld erst gar nicht die Finger schmutzig machen. In Summe ist dadurch das Geldsystem gewachsen, das wir heute haben.

Welchen Umgang mit Geld wünschen Sie sich? Welchen Beitrag leisten Sie? Ist Geld Ihnen wichtig genug, dass es sich lohnt, den eigenen Einfluss zu erhöhen?

Jede Krise ist eine Chance. Eine gute Zeit, durch etwas Reflexion ganz neue Erkenntnisse und Perspektiven zu gewinnen. Eine Wertekrise ist wertvoll, wenn wir unser Leben um mehr Werte bereichern. Eine Sinnkrise ist sinnvoll, wenn wir unserem Leben dadurch mehr Sinn geben. In Krisen sind wir aufgefordert, uns weiterzuentwickeln, zu wachsen, zu vertrauen. Und vor allem: aus Fehlern zu lernen, um einen gesunden Umgang zu finden.

Jede persönliche Geldkrise verhindert Verschwendung, schafft Klarheit und Dankbarkeit für das wirklich Wichtige und bildet die Basis für eine grundlegend neue und zukünftig rundum erfüllende Beziehung zu Geld. Eine größere Finanzkrise ist die beste Voraussetzung, um nachhaltig gesündere Geldsysteme zu etablieren. Was kann uns gesünderes widerfahren als eine Finanzkrise, die uns klar macht, dass unser bisheriger Umgang mit Geld und Menschen krank war?

> Finanzkrisen zeigen unseren ungesunden
> Umgang mit Geld und Menschen.

Im Außen zeigt sich das, was wir zuvor mit unseren Gedanken, Gefühlen und konkreten Handlungen mit bewirkt haben. So haben wir aktuell eine Situation, die nicht von ungefähr kommt, sondern das Resultat ist von unserer IN uns schon längst vorhandenen Vertrauens-, Werte-, und Sinnkrise. Was säen wir jetzt?

Die viel zitierte Finanzkrise hat entscheidende Vorteile für uns alle: Menschen sind aufgefordert, wieder Vertrauen zu gewinnen und dieses nicht länger nur aus real messbaren Scheinwerten zu beziehen. Wir bekommen wieder einen Bezug zu dem Tauschmittel Geld, zu unseren Werten und auch zu all dem, was bisher selbstverständlich schien. Wir dürfen mehr Achtsamkeit und Respekt im Umgang miteinander gewinnen, uns gegenseitig stärken und stärker kooperieren. Wir sind aufgefordert, nachhaltiger zu denken und zu handeln, und werden achtsamer mit all unseren Ressourcen und unserer Natur. Alternative Energien, Heilmethoden und andere Geldsysteme gewinnen an Bedeutung.

In Krisen scheinen für einige Menschen fragwürdige Verhaltensweisen vertretbarer und unethisches Verhalten aufgrund der Krise gerechtfertigt. Doch in diesen Zeiten zeigt sich ungeschminkt, wie wir sind. Hier zeigt sich, ob wir zu würdevollem Handeln und einem würdevollen Umgang mit Geld und Menschen in der Lage sind. Welches Verhalten legen wir an den Tag, auch bzw. gerade dann, wenn es kriselt?

Investieren wir gezielt in die Gesunderhaltung unserer Lebensgrundlage, die Gesundheit von Menschen und unser nachhaltiges Wachstum? Oder bevorzugen wir gerade dann noch achtloser, umweltschädlicher und menschfeindlicher zu produzieren und diese Dinge aktiv nachzufragen? Krisen sind Bewährungsproben.

Wie handeln Sie so, dass Sie selbst stolz auf sich sind? Warum sollte sich daran etwas durch eine Krise ändern? Seien Sie stolz auf sich. Seien Sie das Beste, was Sie jetzt sein können – ohne besser sein zu müssen oder besser sein zu wollen, als Sie jetzt sind. Anstatt für den Ernstfall gewappnet zu sein und sich jetzt schon mit dem befürchteten »Weniger« zufriedenzugeben, ist es wichtig, dass Sie an MEHR glauben. So dass Sie aus dieser Überzeugung und diesem Vertrauen heraus auch entsprechend klar und kraftvoll denken und handeln und die Realität mit bewirken, die Sie sich wirklich wünschen. Und schon längst verdient haben.

Veränderungsphasen und auch Phasen der Degeneration sind in all unseren Lebensbereichen natürlicher und gesünder, als wir denken und wahrhaben wollen – eine Gesundung, Reinigung oder Regeneration, aus der umso stabileres neues Wachstum hervorgeht. Ob ein Baum jedes Jahr innerlich in Panik verfällt, wenn er innerhalb seines natürlichen Zyklus Blätter verliert?

Für jeden Gesundungsprozess ist es wichtig, nicht in Panik zu verfallen und sich nicht entmutigen zu lassen. Ängste begünstigen negative Gedanken und Gefühle, unüberlegte Handlungen oder auch Panikreaktionen. Sie bringen uns dem befürchteten Zustand nur näher, während sie ein glücklicheres Lebensgefühl und positive Entwicklungen unterbinden. Eine Herausforderung besteht also bereits darin, sich von »der Panik der Märkte« frei zu machen. Sie können sich informieren, brauchen dies jedoch nicht dreimal am Tag mit den gleichen schlechten Nachrichten zu tun. Behalten Sie den Durchblick, doch bewahren Sie sich vor unnötiger Negativberichterstattung und Meinungsmache. Achten Sie auch auf Tauschpartner, mit denen Sie nicht ständig über Krisen reden, diskutieren oder diese heraufbeschwören. Tauschen Sie Ihr Geld dort, wo noch Menschen – nicht Krisen – zu Hause sind.

Nutzen Sie Ihre Chancen?

Jede Krise ist wertvolles Wachstumspotenzial. Inwieweit wir dies nutzen oder brachliegen lassen, liegt in uns. Je mehr wir Veränderungen vertrauensvoll als natürlich und als Chance begreifen, umso mehr wachsen wir bzw. sind wir mit dieser Einstellung schon gewachsen. Indem wir achtsam, wertbewusst und wertschätzend mit jedem Euro umgehen, vermehren wir die Werte in unserem Leben, die uns zutiefst bereichern. Wenn wir ab jetzt lernen, das Tauschmittel Geld wieder als Gegenwert für einen real mess- oder fühlbaren Wert zu investieren, bei unseren Geldanlagen darauf zu achten, dass auch dieses »weggegebene« Geld in unserem Sinne wirtschaftet, und auf einen guten stimmigen Austausch achten, bei dem auch morgen noch gerne alle Beteiligten miteinander tauschen – dann sind wir bestens gewappnet für jedes Geldsystem, das da kommen mag.

Es gibt keine »guten« oder »schlechten« Zeiten im Leben. Sondern nur solche, die wir sofort genießen und schätzen dürfen. Und solche, in denen wir herausgefordert sind, über uns selbst hinaus zu wachsen.

Wenn der Mensch mehr zählt als Geld und wir gerne unser Geld geben, für das, was jemand verdient, dann haben wir die größte Krise überwunden: die Krise in unseren Herzen. Geld kann uns dann keine Krise mehr anhaben – es wird vermehrt durch uns fließen.

Wegweiser

Welchen Umgang mit Geld wünschen Sie sich und was tragen Sie selbst dazu bei?

Verändern Sie Ihr Verhalten aufgrund einer Krise?

Wofür stehen Sie – auch in Krisenzeiten?

Geben Sie äußeren Umständen die Macht, Ihr Verhalten zu beeinflussen?

Wie handeln Sie auch in Krisenphasen so, dass Sie und andere dabei wachsen?

Welche Krisen haben Sie bereits gemeistert?

Wie fühlen Sie sich, wenn Sie eine persönliche Hürde erfolgreich erklommen haben?

Welche Herausforderung können Sie sich selbst setzen, um weiter zu wachsen?

Genießen Sie schon vollstes Vertrauen ins Leben?

Wie können Sie konkret in herausfordernden Zeiten gewinnen?

Nutzen Sie Ihre Chance?

Wer spart, verliert

Wer spart, verliert?

Wer spart, verliert? Im Leben können wir in finanzieller Hinsicht nur gewinnen. Viele kurzfristige Verluste zahlen sich mittel- und langfristig auf oft ungeahnte Weise aus. Sie schützen vor zukünftigen Fehlern und schenken uns die Möglichkeit, aus den gewonnenen Erkenntnissen MEHR zu machen. Auch emotional gewinnen wir mit Verlusten an Stärke, Klarheit sowie an Wertschätzung für all das, was wirklich zählt und wichtig ist im Leben.

Wofür sparsam mit dem eigenen Leben umgehen? Wozu und woran sparen Sie noch in Ihrem Leben? Was fürchten Sie wirklich zu verlieren? Wie besorgt sind Sie um Ihr Ansehen und Ihren Status? Es gibt Menschen, die an ganz vielem sparen, nur um sich noch das überdimensionierte Haus und das große Auto leisten zu können – nur um zu verhindern, dass jemand merkt, dass sie sich das schon längst nicht mehr leisten können. Wir alle halten an verschiedenen Überzeugungen und Dingen fest, die uns nicht mehr guttun und unsere Lebensqualität nicht steigern, sondern mindern.

Lassen Sie es zu, Ihr Leben auszuweiten und in vollen Zügen zu genießen. Schenken Sie sich – in der Klarheit Ihrer Werte – die Freude, großzügig zu sein. Befreien Sie sich von der Angst, dass Sie sich Großzügigkeit nicht leisten können. Je klarer Sie sich darüber sind, was Sie wirklich erfüllt, umso großzügiger können Sie bei all dem sein – und umso mehr können Sie sparen, ohne auf für Sie Wesentliches zu verzichten. Was Sie sich nicht leisten können, ist Unklarheit, die sowohl zu Verschwendung führt als auch zu ängstlicher und begrenzender Sparsamkeit. Ihre Großzügigkeit dagegen wird immer wieder genauso großzügig zu Ihnen zurückkommen. Wie fühlt es sich für Sie an, großzügig zu sein?

Je großzügiger Sie Wertschätzung geben, umso großzügiger wird Ihnen Wertschätzung entgegengebracht. Sie sind dabei immer der erste Impuls. Begegnen Sie sich mit mehr Wertschätzung und Sie fühlen sich wertvoller. Sie kommen dann schon nicht mehr umhin, diese Wertschätzung anderen zukommen zu lassen, denn Sie leben in dieser Haltung. Stück für Stück mehr. Sie zeigen damit mehr Selbstachtung wie auch mehr Respekt anderen gegenüber. Lassen Sie sich überraschen und reich beschenken durch mehr Wertschätzung in Form von Geld, aber auch erlebbarem Glück in wertschätzender Verbindung mit anderen Menschen.

Keine Ausgabe braucht Sie zu ärgern. Denn Sie haben zwei Möglichkeiten. Sie können sich entweder diese Ausgabe sparen, weil es Ihnen diese Sache nicht wert ist. In dem Falle sparen Sie nicht mehr angstgetrieben, sondern bewahren sich aus Klarheit und Überzeugung wertvolles Geld, das sie frei haben, für die Investitionen, die für Sie wertvoller sind. Oder – und dies ist die zweite Möglichkeit – Sie gewinnen mehr Wertschätzung für das, was Sie für Ihr Geld erhalten. Viele Menschen ärgern sich bis dahin oft unbewusst über eine scheinbar zu teure Miete, zu teure Telefonrechnungen etc. Ärgern Sie sich nicht, sondern suchen Sie sich eine günstigere Wohnung, wenn Ihnen Ihr Wohnraum das Geld nicht wert ist. Kündigen Sie Ihren Telefonanschluss, wenn Ihnen dieser Draht zu anderen Menschen zu teuer ist und die Rechnung Ihnen Ärger anstatt Freude verursacht. Und wenn Sie die Wohnung nicht genießen können, weil Ihr Einkommen nicht reicht, dann wird es Zeit, dass Sie sich auf die Steigerung Ihres Einkommens konzentrieren und sich beweisen, dass Sie zu mehr in der Lage sind.

Sobald Sie alles loslassen, was Sie nicht wirklich schätzen, und all das zu schätzen wissen, was Sie haben und sich gerne leisten, steigern Sie Ihre Lebensqualität in ganz neue Dimensionen – ohne dafür auch nur einen Cent mehr Geld auszugeben. Sie sind dann fühlbar reicher, ohne dieses Gefühl nur in Abhängigkeit von mehr Geld und mehr Reichtum zu erleben.

Großzügigkeit und Wertschätzung erfordert nicht nur Klarheit über die eigenen Werte, sondern auch sehr viel Vertrauen. Wie ist es um Ihr Vertrauen bestellt?

Wenn Sie in dem für Sie gesunden Maße großzügiger werden und dies nicht mehr »knirscht«, sondern Sie selbst mit Freude und Größe erfüllt, dann haben Sie fühlbar an Vertrauen gewonnen. Wenn Sie ohne Klarheit über Ihre eigenen Werte »sicherheitshalber« weiter sparen, schränken Sie Ihr Leben nur ein und begrenzen Ihre Lebensqualität. In Geld gemessen gewinnen Sie nicht eins zu eins das Geld, das Sie einsparen. Sie verlieren in jedem Falle das Geld, das Sie gewinnen würden, sobald Sie konsequent Geld vermehrend denken und handeln.

Was verlieren Sie, während Sie glauben, durch Sparen zu gewinnen?

Was gewinnen Sie, während Sie glauben, sparen zu müssen?

Was haben Sie wirklich zu verlieren?

Täglich investieren wir viel Zeit, um zu Geld zu gelangen, es zu bewahren, zu sparen und zu investieren – ohne das

Bewusstsein darüber, welche eigene Beziehung zu Geld wir haben. Das ist in etwa so, wie einen Garten anzulegen ohne das Bewusstsein, welche Samen man gerade einpflanzt, um sich hinterher zu wundern, dass vieles wächst und wuchert, was man gar nicht mag, oder dass die gewünschten schönen Rosen nun mitten auf dem Weg gedeihen …

> In unserem Garten säen wir die Samen für Rosen, wenn wir Rosen erblühen sehen wollen.
> Im Leben streuen wir oft Geringschätzung, während wir uns wünschen, mehr Wertschätzung zu ernten.

Der Schlüssel für einen gesunden Umgang mit Geld liegt darin, wie gesund und konstruktiv wir dieses Mittel Geld in unserem Leben einzusetzen vermögen, wie viel Sinn und Glück wir daraus beziehen und welchen Mehrwert wir dadurch erschaffen. Mit schlechtem Gewissen, weil wir im Überfluss kostbare Ressourcen genießen, erhöhen wir lediglich die Menge an schlechtem Gewissen auf der Welt. Ohne dadurch etwas zu verbessern. Und ohne das, was wir nutzen oder verbrauchen, wenigstens zu genießen. Dies ist weder für uns, noch für unsere Welt ein Gewinn. Wenn wir den Dingen und Lebewesen mit mehr Achtsamkeit und Wertschätzung begegnen, tragen wir zu einem sinnvolleren Umgang damit und zur Bewahrung unserer Ressourcen bei. Statt negativer Gefühle erleben wir dann dieses Mehr an Wertschätzung, Sinn und Dankbarkeit.

Um mehr Glück, Freude wie auch Geld und Reichtum in Ihrem Leben zu vermehren, dürfen Sie in Erfahrung bringen, was Sie wirklich in Ihr Leben holen wollen, was Ihnen am Herzen liegt, was Sie lieben. Und vor allem: Sie dürfen und sollten sich mögen, ja lieben. Sie dürfen Ihre Werte entdecken und leben, all das, was Sie sind, können und wollen. Die Klarheit Ihrer Lebenswerte bestimmt Ihren Umgang mit Geld ganz entscheidend, denn sie führt dazu, dass Sie zielgerichtet in das investieren, was Ihrer Überzeugung entspricht. Spontankäufe, reine Preisverlockungen oder Frustkäufe und Ähnliches erübrigen sich dann ganz von alleine. Sie dürfen lernen, sich selbst zu vertrauen und Ihrer tiefsten inneren Überzeugung zu folgen. Indem Sie sich selbst folgen, befreien Sie sich von äußeren Abhängigkeiten, von Meinungen anderer, und gewinnen an Unabhängigkeit und Stärke. Wenn der Weg zu Ihren Zielen etwas länger erscheint, als Sie sich das wünschen, dann üben Sie sich darin, den Weg mehr zu genießen – und zu vertrauen, dass genau diese Entwicklung zu Ihrem Besten ist. Der Weg ist bereits das Ziel.

Für alle Hürden, die sich Ihnen stellen, besitzen Sie das Vermögen, diese zu meistern. Und mit jeder gemeisterten Hürde sind Sie gewachsen, zu recht stolz auf sich und wiederum fühlbar reicher.

Da wir nicht frei von Neid und Missgunst sind, ist dies für jeden Menschen, der mehr Glück und Geld in seinem Leben haben möchte, eine persönliche Herausforderung. Und damit schon Ausdruck inneren Wachstums und persönlichen Erfolges, wenn Sie dies erreichen!

Für Ihre Erfolge werden Sie auf das Mitgefühl, auf tröstende Worte und tatkräftige Unterstützung wie in Krisenzeiten verzichten müssen. Sie werden etwas mehr Gegenwind, Geringschätzung und auch Ablehnung derer erhalten, die mit Ihrem Erfolg ein persönliches Problem haben. So auch von all den Menschen, die durch Erfolge anderer mit ihrem eigenen Minderwertigkeitsgefühl konfrontiert werden, sich weniger Wert fühlen und dies durch Abwertungen auszugleichen versuchen. Ist es Ihnen dennoch Wert, MEHR aus Ihrem Leben zu machen? Sind Sie es sich wert, sich auf den Weg zu machen, genau das zu verwirklichen, was Ihr Herz erfüllt?

Umgeben Sie sich selbst zuliebe mit positiv eingestellten Menschen. Lernen Sie, erfolgreichen Menschen mit neidloser Anerkennung zu begegnen. Befreien Sie sich von eigenem Neid und Missgunst und davon, schlecht über andere zu sprechen. Dies ist nicht nur eine konkrete Maßnahme, mit der Sie unsere Welt ein Stück lebenswerter machen, sondern Sie selbst profitieren sofort: in dem Maße, in dem Sie keinen Neid mehr empfinden, haben Sie auch weniger Angst vor dem Neid der anderen. In dem Maße haben Sie Ihre Gedanken frei für alles, was in Ihrem Leben wachsen soll.

> Säen Sie das, was Sie ernten möchten?

Mehr Glück und mehr Geld holen Sie am besten in Verbindung miteinander in Ihr Leben. Fangen Sie an, Ihr Geld glücklicher zu vermehren. Was macht Sie glücklich? Gleich jetzt! Vermehren Sie Ihr Wirken bei all dem, was Ihnen leichtfällt, was Sie gerne tun, was Ihnen Freude bereitet und was Sie lieben. Spielerisch. Spielen Sie mit dem Leben und haben Sie Freude daran, Ihr Glück und Ihr Geld zu vermehren. Das ist für alle Beteiligten nur von Vorteil. Dagegen vergeuden Sie wertvolle Lebenszeit, wenn Sie versuchen, erst finanziell erfolgreich zu sein, um dann – irgendwann – Ihr Leben mehr zu genießen und in diesem Reichtum mehr Glück zu haben. Fangen Sie heute an, Ihren Lebensgenuss zu steigern. Indem Sie JETZT Ihr Leben genießen, sind Sie auch in Zukunft dazu in der Lage. Solange Sie in der Illusion leben, dass Ihr Lebensgenuss aufgrund anderer äußerer Umstände steigt, belügen Sie sich nur selbst. Und Sie verpassen die Chance, jetzt sofort Ihre Lebensqualität zu steigern – für ein in jeder Beziehung glücklicheres und reicheres Leben.

Glauben Sie, dass noch mehr Potenzial in Ihnen liegt? Sei es, dass Sie Ihre Talente in Ihrem Beruf noch nicht optimal einbringen konnten oder schon früh Zweifel entwickelt haben gegenüber dem, was Sie können und was in Ihnen liegt. Wenn Sie in Ihrer finanziellen Situation über sich selbst und Ihren jetzigen Zustand hinauswachsen wollen, dann tun Sie das am besten, indem Sie über sich und das, was Sie heute – oft noch angepassterweise – sind, hinauswachsen. Dabei geht es um die Steigerung Ihres Selbstbewusstseins. Ihres Selbst-Wert-Empfindens. Darum, die in Ihnen liegenden Werte zu entdecken und zu nutzen. Zeigen Sie Ihre Wertschätzung Ihrem Leben gegenüber, indem Sie das Ihnen in die Wiege gelegte Potenzial ganz ins Leben einbringen und das Beste daraus machen – für Sie und für andere, die davon unweigerlich profitieren. Wie wertvoll sind Sie? Wie reich fühlen Sie sich im tiefsten Innern?

> Säen Sie genau das, was Sie sich zu ernten wünschen!

Es gibt keinen überzeugenden Grund, warum weniger Geld doch besser ist oder sein könnte als mehr Geld. In all meinen Vorträgen und Geldtrainings mit Menschen konnte sich über die Jahre kein noch so überzeugend geäußerter Grund wirklich behaupten. Falls Sie glauben, noch »einen wirklich guten Grund gegen mehr Geld« zu haben, dann schreiben oder mailen Sie mir gerne, oder rufen Sie einfach an. Dann können wir ihn entweder auflösen oder einen gesunden Umgang damit finden. So dass Ihre eigenen Vorurteile Ihnen nicht länger im Wege stehen bei Ihrer gesunden Weiterentwicklung und dabei, mehr Glück und Geld in Ihr Leben zu holen.

Es liegt in Ihnen – unabhängig von äußeren Umständen –, Ihre innere Einstellung zu Geld so zu wandeln, dass ab sofort MEHR in Ihrem Leben daraus erwachsen darf.

Sie brauchen sich nicht mehr anzustrengen, um mehr Glück oder Geld in Ihrem Leben zu haben. Glück und Geld ins Leben zu holen darf leicht gehen und sollte schon auf dem Weg Freude, Glück und Erfolg schenken. Was Sie »brauchen« ist, dass Sie sich dessen bewusst werden, was in Ihnen liegt und Ihnen mit Ihrem Leben geschenkt wurde:

- Vertrauen in sich selbst und in das Leben.
- Wertschätzung sich selbst wie anderen gegenüber und für die eigenen Werte.
- Viel Liebe. Vor allem für sich selbst, für alles, was Sie sind und was Sie tun. Damit Sie stets mutig und unabhängig davon, wie Ihr Leben gerade ist, Ihrem eigenen Herzen folgen …

> Geben Sie vertrauensvoll, wertschätzend und mit Liebe Ihr Geld –
> Sie werden stets selbiges ernten und Ihr Glück und Geld vermehren!

Epilog
für das Sparschwein

Ein Sparschwein ist eine tolle Sache!
Ich liebe das Klirren der Münzen, die Freude darüber, wie schnell sich mein Sparschwein füllt, und die Vorfreude darauf, mir davon bald wieder etwas Besonderes zu gönnen. Natürlich füttere ich »Fritzi« neben den Münzen, die ich übrig habe, auch immer mit besonderem Geld, wie zum Beispiel Geburtstagsgeld von meinen Eltern. Das macht jede Ausgabe hinterher noch feierlicher. Ich bin immer wieder überrascht, wie viel Geld dabei in überschaubarer Zeit zusammenkommt. In immer noch kindlicher Freude leere ich »Fritzi« regelmäßig, gönne ihm seinen Urlaub, während ich mir von den Ersparnissen etwas für mich Besonderes leiste.

Mit dem Geld im Sparschwein ist das wie mit Samen. Sie können auch Samen in Ihrem Sparschwein sammeln. Doch erst, wenn Sie sie einpflanzen, können Sie ihr Wachstum hervorbringen. Je länger sie die Samen in Ihrem Sparschwein lassen, umso weniger werden sie wert. Vielleicht wissen Sie gar nicht mehr, woher Ihre Samen stammen und welche Samen es waren. Und wenn Sie sie zu lange lagern und sie austrocknen, werden Sie gar kein Wachstum mehr hervorbringen.

In diesem Sinne: Haben Sie Freude mit Ihrem Sparschwein und beim Sparen.

In dem Bewusstsein darüber, dass Sie nicht durch das Sparen reich werden.

Finanziell wie emotional reich werden Sie nur durch Sinn stiftende, Freude machende und im Wert steigende Investitionen ins Leben und alles, was darin vorkommt …

Wenn wir Geld wieder
mit Herz und Verstand bewegen,
gewinnen wir nicht nur
an Menschlichkeit und Nächstenliebe,
sondern auch den Reichtum,
den wir uns selbst dadurch erschaffen.

Nicole Rupp

Meine Vision zu
geldbeziehung®

Mit geldbeziehung® möchte ich zu mehr Wertschätzung und Menschlichkeit im Umgang mit Geld beitragen.

Je bewusster und achtsamer wir mit dem Tauschmittel Geld werden, umso bewusster und achtsamer werden wir auch im Umgang mit Menschen, Werten und unserer Natur.

Gerne vermittle ich den Sinn und die Freude daran, dies im alltäglichen Umgang mit Geld zu erleben. Meine Vorträge, Coachings und Workshops sind ein Beitrag dazu. Wie auch mein regelmäßig erscheinender Beziehungsbrief mit aktuellen Gedanken, Tipps und vielem mehr. Geld ist stets das, was wir daraus machen.

Gut vernetzt mit Menschen im Kontakt und im regen Austausch zu sein, ist mir sehr wertvoll. Gemeinsam sind wir wirkungsvoller.

Auf den Kontakt mit Ihnen und auf Ihre Impulse wie auch Fragen freue ich mich.

Besuchen Sie mich auf meiner Internetseite: www.geldbeziehung.de.

Danke

von Herzen,

Nicole Rupp